l'enfance en questions

FSC
www.fsc.org
MIXTE
Papier issu de sources responsables
FSC® C022030

Dépôt légal : août 2021.
ISBN : 978-2-09-279146-2
N° de projet : 10270545
Achevé d'imprimer en France en juillet 2021
par la Nouvelle Imprimerie Laballery, à Clamecy (58500).
N° d'impression : 106197

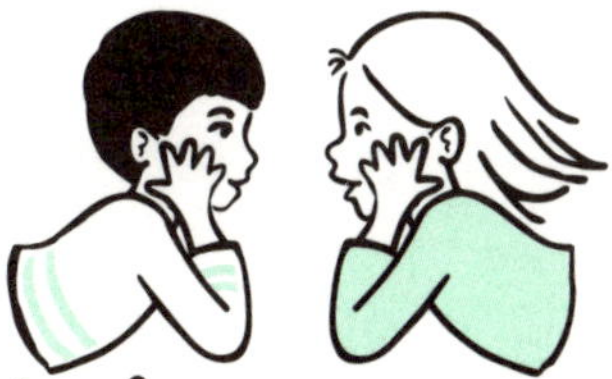

l'enfance en questions

JOUER, UN MOTEUR POUR LA VIE

Comment le jeu développe la créativité
et l'intelligence sociale de l'enfant

Dr Patrice Huerre
Pédopsychiatre

Nathan

CHAPITRE 3

QU'EST-CE QUE JOUER ? p. 40

CHAPITRE 4

LES ENJEUX DU JEU p. 54

INTRODUCTION

JOUER, C'EST SÉRIEUX !

« L'opposé du jeu n'est pas le sérieux, mais la réalité. » Freud

Quelle curieuse époque que celle où l'on oublie de jouer… alors même que les chambres d'enfants sont encombrées de jouets. Oubliées, les leçons de nos cousins les mammifères animaux ? Oubliées, nos propres expériences du plaisir de jouer ? Oubliées, la pérennité et la force de ce que nous avons pu apprendre en jouant, y compris sans jouets ?

Dès la maternelle à présent, les performances objectives font l'objet de bulletins comme chez les grands, assortis parfois d'appréciations sur les capacités à poursuivre des études plus tard. À l'adolescence, les rituels balisant le passage à l'état d'adulte ont disparu, remplacés par des bizutages sadiques, du harcèlement, voire des transgressions violentes, quand ce n'est pas une « post-adolescence » sans fin qui s'installe.

Des jeux ayant perdu en chemin le caractère gratuit d'un plaisir partagé ont pris la place laissée vacante. Encombrés par l'intérêt, l'argent et/ou la performance – sports professionnalisés, jeux à consommer et à jeter sans modération, jeux de hasard et d'argent, jeux télévisuels –, ils servent plutôt les intérêts économiques et font le jeu des pouvoirs, tandis que les « joueurs » restent seuls face à l'écran ou à la console, seuls face à un monde virtuel. Hors jeu, en d'autres termes.

Quand ce n'est pas le conflit et la haine de l'autre qui l'emportent, dans un système binaire ne laissant pas de place à la nuance, à la prise de distance, au sens critique.

Les conditions requises pour jouer, que ce soit du côté du système éducatif ou de la famille, feraient-elles défaut aujourd'hui ? Pourtant, le jeu est essentiel dans la construction de l'humain et dans le développement des capacités de socialisation. Il permet une mise en forme de la vie pulsionnelle et fantasmatique. Le jeu est en outre indispensable aux capacités de création. Il y a urgence à en réhabiliter la valeur.

Depuis toujours – et pourquoi en serait-il autrement de nos jours ? –, chez le petit humain, le jeu a naturellement sa place dès les premiers temps de vie : jeux d'exploration, expériences psychomotrices nouvelles, jeux avec les mains, la voix, la bobine, le hochet..., puis avec d'autres objets, d'autres situations, au gré des opportunités. Après avoir éprouvé des émotions, jouer permet de symboliser les affects éprouvés en les faisant figurer dans des scénarios créés pour l'occasion.

Mais quand ces expériences n'ont pas pu se constituer suffisamment dans l'enfance, apparaissent un certain nombre de difficultés à l'adolescence : ruptures et fugues plutôt que séparations négociées, violences plutôt que discussions et confrontations de points de vue, faute de jeu avec soi-même et avec les autres. D'où parfois aussi les difficultés de jeu avec les pensées, avec les fantasmes, ou l'absence de jeu dans les situations d'apprentissage ; ou encore l'inhibition intellectuelle et sociale ; le manque de créativité et d'inventivité. C'est ce même défaut de jeu qui limitera plus tard l'épanouissement dans le travail, dans les relations avec les autres, et qui privera de ce subtil plaisir du jeu avec les mots, nécessaire à l'expression de l'humour.

À l'inverse, c'est grâce à leurs capacités à jouer que d'autres pourront retrouver plus tard dans la création ou dans la vie sociale ce qu'ils avaient pu connaître lorsqu'ils étaient enfants, et ce, sous une forme partageable.

Sans nul doute, comme on a joué, on vivra. Alors, cultivons le plaisir de jouer dans nos vies et entretenons le lien avec l'infantile et le juvénile qui sont en nous.

Et souvenons-nous de l'article 31 de la Convention internationale des droits de l'enfant qui met en avant « le droit au repos et aux loisirs, de se livrer au jeu et à des activités récréatives et propres à son âge, de participer librement à la vie culturelle et artistique. »

C'est donc logiquement que le jeu fait partie intégrante des programmes de l'Unicef pour venir en aide aux enfants.

1

ON JOUAIT, ON JOUE, ON JOUERA

LE JEU EST-IL UNE ACTIVITÉ UNIVERSELLE ?

Le jeu n'est pas le propre d'une humanité développée et civilisée. Les formes de jeu ont changé, mais le besoin fondamental de jouer, lui, demeure.

Des vestiges, comme ces balles d'environ 5 000 ans d'âge trouvées en terre écossaise ou ces toupies en argile fabriquées en Mésopotamie 4 000 ans avant notre ère, témoignent du fait que l'on jouait déjà à des époques fort reculées. Avec des objets, pour se familiariser avec l'univers environnant, avec des textures, des matériaux à disposition tels bâtons, pierres, herbes, branchages… Toutes choses qui permettaient de développer de nouvelles activités et de s'initier aux gestes utiles pour demain.

Dès le Vᵉ siècle avant notre ère et jusqu'au IVᵉ siècle de notre ère, les Grecs et les Romains ont élaboré et vendu des jouets pour les bébés (hochets, grelots), pour les petits (jouets à pousser, à tirer, poupées, dînettes), pour les plus grands (toupies, cerceaux, osselets, balles, etc.). L'enfance est donc bien perçue, dans l'Antiquité, comme l'âge du jeu et des jouets. La poupée, symbole de la virginité de la fillette, était offerte aux divinités avant le mariage (en Grèce) ou à la puberté (dans le monde romain). Pour un garçon romain, quitter l'enfance se disait « abandonner les noix » avec lesquelles les enfants jouaient à des jeux équivalant à nos jeux de billes.

Hormis ces traces qui attestent la présence du jeu à des périodes lointaines, il est fondé de penser que le jeu – indispensable au développement de l'enfant, comme à tous les âges de la vie – a toujours été utile à l'homme, à toutes les époques et dans toutes les sociétés. C'est l'une des compétences de l'être humain qui lui permet de vivre avec les autres, de continuer à être curieux du monde, d'avoir envie de découvrir, d'apprendre et, du même coup, d'avancer. Le jeu va bien au-delà du divertissement, il a une fonction adaptative et sociale.

Cette qualité, ce goût, ce plaisir de jouer, d'être surpris a probablement permis à nos lointains ancêtres de découvrir des territoires, de mettre en œuvre de nouvelles aptitudes, qui ne résultaient pas seulement d'une démarche programmée génétiquement. À l'instar des grandes découvertes scientifiques, qui sont souvent le fait de hasards liés à des situations d'expérimentation par des esprits curieux.

En outre, le jeu a permis et permet encore de vivre en communauté. Il faut mettre un peu de « jeu » dans les relations humaines pour qu'elles soient vivables ! À défaut, les clashs et les conflits ont le terrain libre.

Depuis les jeux de la Rome antique jusqu'à aujourd'hui, on voit bien comment le jeu a toujours eu une place prépondérante dans la vie collective. Par exemple, dans nos sociétés modernes, grâce au football, on joue, par procuration, entre villes, entre nations. Combien de guerres sont ainsi évitées ?

Enfin, le jeu est une prime de plaisir tout à fait indispensable face à la réalité du monde. L'être humain a toujours été confronté à des épreuves, parfois difficiles à accepter. Grâce au jeu, il a pu individuellement ou collectivement trouver des aménagements pour les dépasser.

LES ANIMAUX JOUENT-ILS EUX AUSSI ?

Cette activité passe la barrière des espèces ! Car oui, les animaux jouent eux aussi, même si on n'établit pas toujours dans leur manière de jouer des correspondances avec nos jeux humains. Ils jouent et semblent même en tirer un certain plaisir. Il suffit d'aller se promener au zoo ou d'observer son animal domestique. Les chiots comme les chatons, par exemple, dès qu'ils en ont la possibilité, se précipitent avec plaisir pour jouer avec leurs congénères. Non pas pour les agresser ou marquer leur territoire, mais pour éprouver des satisfactions nouvelles liées à la motricité, à l'agilité, à la course, à la poursuite. Pour partager une situation gratuite dans laquelle il n'y a pas d'autre enjeu que de vivre un moment agréable ensemble.

Même les oiseaux jouent. On les voit parfois se pourchasser, pour certains plonger dans l'eau afin de surprendre leurs poursuivants. Le jeu engendre une surprise, déroute, crée une rupture dans la programmation des activités. Ce sont évidemment des jeux à la mesure de chaque espèce animale, souvent assez rudimentaires. Sans jouets. Mais des jeux tout de même, puisque gratuits, aucunement liés à une nécessité immédiate.

Beaucoup d'études ont montré l'importance, chez les animaux, du rôle du jeu comme régulateur des relations sociales : il favorise l'apprentissage de la vie en groupe, le respect de la hiérarchie et de toutes les règles définies par l'espèce comme essentielles pour sa survie et son développement. On observe par exemple que, chez les lémuriens, si un jeune cherche à prendre la place du vieux chef en venant l'agacer régulièrement, s'il commence à se montrer menaçant et que le vieux mâle en prend ombrage, le jeune se met immédiatement sur le dos, signifiant par là qu'il ne faisait que jouer… Ainsi, grâce au jeu qui masque les véritables intentions, l'agressivité est désamorcée : le vieux mâle peut se permettre de jouer tout en conservant son prestige. Le jeu offre ainsi une sortie honorable pour tout le monde. Ces subterfuges ludiques qui permettent d'écarter la confrontation sont légion et très variés selon les espèces. C'est ce que l'on appelle le « jeu social ».

Darwin soulignait combien « le jeu est une activité essentielle à la survie de l'espèce » au sens où il est un régulateur social qui permet d'éviter l'affrontement, mais aussi un mode d'apprentissage des conditions de survie. Le jeu par imitation, notamment, donne au jeune animal la possibilité d'apprendre ce qui lui sera utile une fois devenu adulte : construire un nid, trouver des ressources alimentaires, se débrouiller dans un environnement complexe. Cette reproduction du comportement adulte qui va être jouée par les plus jeunes, tel le petit de l'homme construisant une cabane à défaut de pouvoir construire une maison comme celle de ses parents, permet de saisir les contraintes et les possibilités de la situation. L'imitation sert à apprendre, mais aussi, au-delà de son utilité actuelle et future, tout simplement à prendre du plaisir. Cette dimension ludique est un bonus, celui d'acquérir dans de bonnes conditions des compétences qui seront un jour prochain utiles, voire indispensables.

Pour le psychiatre et éthologue Pierre Garrigues, « le jeu semble avoir une valeur adaptative et contribuer au développement individuel » chez l'animal. C'est ce qui lui permet de trouver des solutions à des problèmes nouveaux, lors de déséquilibres écologiques, par exemple.

Tout cela souligne bien comment, par de petits détours, apparaît une ouverture. Par le biais du jeu, l'exploration est possible, sans a priori. Cette mise en jeu des possibles à la recherche d'une solution adaptée est une qualité que l'on trouve aussi bien chez l'animal que chez l'homme.

À PARTIR DE QUAND LE BÉBÉ COMMENCE-T-IL À JOUER ?

Si l'on estime que jouer implique de manipuler de manière volontaire des objets pour en tirer du plaisir, évidemment on dira que le bébé ne joue pas ; en revanche, si on adopte une acception plus large, celle de Sigmund Freud ou de Melanie Klein, on peut dire que le bébé joue au sens où il explore l'environnement extérieur avec son corps, dès les premiers temps de sa vie.

Il découvre sa bouche, le plaisir qu'il a à suçoter ses doigts, le réconfort qu'il en tire, la faim qui s'apaise un temps. Ces sensations qu'il peut se procurer à lui-même et qu'il a découvertes par hasard, il va essayer, au fur et à mesure que son adresse motrice croît, de les reproduire volontairement. Ces jeux qui cherchent à satisfaire ce que l'on appelle l'« oralité » sont une première façon de jouer.

Très vite, à 3 mois environ, les sons qu'il émet, les bruits de sa bouche, de sa gorge, puis les gazouillis qu'il produit vont constituer une nouvelle surprise pour le bébé. Toutes ces sonorités qu'il peut reproduire à l'envi, ces jeux vocaux, sont les précurseurs de la parole.

Il s'éveille de plus en plus, son champ d'exploration s'élargit, même s'il n'a pas encore une représentation de lui-même indépendante de l'extérieur. Le sein de sa mère, par exemple, est encore pour lui une partie de lui-même. Les frontières de son univers sont celles qu'il peut voir, qu'il peut toucher. L'apparition du sourire, au même âge, suscite l'enthousiasme autour de lui. Il perçoit alors l'influence qu'il a sur ses proches, la satisfaction qu'il fait naître lorsqu'il émet des vocalises, sourit, expérimente de nouveaux gestes. Au fur et à mesure, les encouragements, les paroles, les gestes de son entourage vont l'aider à différencier sa propre personne des autres…

Vers 4 mois, il commence à jouer avec sa main, avec les mobiles, les peluches, les hochets. Il n'est plus tributaire du seul hasard et devient plus actif par rapport aux situations de jeu.

À partir de 6 mois, l'objet (hochet, ours en peluche, balle en tissu) devient une source de plaisir qui lui permet de différer le moment d'obtenir les satisfactions – nourriture, paroles, caresses – prodiguées par ses parents. L'objet avec lequel il joue lui sert peu ou prou de substitut à la situation qu'il attend ou espère.

Il parvient maintenant à faire la distinction entre l'objet, son parent et lui-même. Ayant en outre la possibilité de tenir assis, de ramper vaille que vaille, il commence à se déplacer. Il peut jouer avec des objets souples, les pousser, les recevoir. Les échanges se font alors plus riches. Les objets prennent véritablement le statut de « jouets ».

Aux alentours de 8 mois, la découverte de la relation entre l'image que lui renvoie le miroir et sa propre personne marque une étape importante chez le bébé. Ce « stade du miroir », défini ainsi par Jacques Lacan, signe des enjeux de séparation majeurs. Le tout-petit commence vraiment à faire la différence entre lui et l'autre, entre le familier et l'étranger. D'où cette grande frayeur lorsqu'un visage inconnu apparaît. Ce stade du miroir donne lieu bien sûr aussi à des jeux. Le bébé jubile à surprendre son image, il joue de cette surprise.

S'il ne rencontre pas de problèmes d'attachement, s'il se sent suffisamment investi affectivement, le bébé, à cet âge, se montre confiant et disponible pour jouer en toute quiétude. Jouer n'est plus seulement un substitut, mais également un plaisir. Plaisir recherché et gratuit de toucher, de mettre dans la bouche, de jeter, de regarder, d'écouter, d'explorer.

Alternativement maltraités, cajolés, lancés, mis de côté, soumis à des élans maladroits, les objets doivent être à la fois résistants et souples pour être réconfortants. Il ne faudrait pas qu'ils se cassent ou disparaissent alors que le bébé prend encore appui sur eux pour s'assurer de la permanence et de la fiabilité des réponses qui lui viennent de l'extérieur.

En revanche, si le jeu n'est qu'une manière de compenser ce qui fait défaut (défaut d'attention, de soutien, d'affection), le risque est grand que l'enfant marque une dépendance exclusive à l'objet et qu'il s'y accroche à la mesure de l'espoir qu'il satisfera tous ses besoins, qu'il comblera des défaillances parentales, quitte à désinvestir le monde extérieur.

Cette première année du développement psychologique de l'enfant est donc décisive. Les conditions nécessaires et universelles qui permettront à l'enfant de trouver des satisfactions par le biais du jeu se mettent véritablement en place durant cette période.

QUELLES SONT LES GRANDES ÉTAPES DU JEU À PARTIR DE 1 AN ?

Des changements fondamentaux interviennent à partir de 1 an. L'enfant se tient debout, commence à marcher. Pour exercer sa motricité, il joue à pousser, à tirer des objets, à emboîter des cubes, etc. Sa palette de jeux s'élargit. Il commence par ailleurs, étape majeure dans son développement, à « jouer sans jouets », c'est-à-dire à jouer avec des histoires, avec des évocations de situations sans que celles-ci soient forcément réelles. Il n'a plus nécessairement besoin d'un objet pour atteindre une satisfaction espérée. Il peut faire appel à des symboles, à des images sur lesquelles il prend appui, à des scénarios qu'il élabore. Cette étape signe l'émergence du langage verbal. Et en se mettant à parler, l'enfant va pouvoir rendre compte de son monde intérieur. Avec les quelques rudiments de vocabulaire qu'il possède, de nouvelles possibilités s'offrent à lui dans sa relation aux autres.

Dans le même temps, il s'exerce à imiter les gestes des plus grands et précise le nom et l'usage des différentes parties de son corps. Bref, il affine ses compétences. Son appétence à échanger avec l'adulte est centrale, soutenue par une communication verbale en plein essor,

Entre 2 et 4 ans, le monde intérieur de l'enfant se sophistique, son imagination se développe, des pensées nouvelles apparaissent et, avec elles, des peurs. Peurs avec lesquelles il joue. On voit bien comment jouer lui sert à les détourner pour mieux les apprivoiser. D'où les jeux de cache-cache, afin de contenir cette frayeur que l'autre ne disparaisse à jamais. Il ne se cache plus seulement derrière un chiffon ou derrière un meuble, mais dans toute la maison. Le terrain de jeu s'élargit.

Les peurs très archaïques, difficilement exprimables, déroutent l'enfant. Il se blottit dans un coin, craint de s'endormir. Il apprécie alors les histoires, les contes, qui lui permettent de faire face à ses démons intérieurs en en donnant une représentation partageable.

À cet âge, les jeux plus symboliques, dans lesquels « on fait semblant », se multiplient. L'enfant a envie de devenir grand, d'être comme papa, ou comme maman. Il imite énormément. Tous les jouets – dînette, landau, baigneur, établi, etc. – qui simulent une situation adulte remportent un franc succès. Les possibilités offertes aux « grands » sont idéalisées. Quel plaisir de jouer à la poupée, avec laquelle il est possible d'échanger sur ses malheurs, ses chagrins, ses peurs, et d'en avoir un témoin. Ou de rejouer la peur éprouvée dans une situation extérieure avec des petites voitures, des personnages miniatures.

De 4 à 6 ans, le besoin d'autonomie s'affirme. Les jeux de mouvements, de bousculades prennent une grande place. On le voit bien dans les cours de récréation de la maternelle. Les jeux avec des règles commencent à prendre leur place aussi. De même que les livres. Si les enfants ne savent pas encore lire, ils ont bien vu qu'il y avait des signes à côté des images. Mais veillez à ce qu'ils ne soient pas scolaires. En effet, beaucoup de parents se trompent en usant de cette attirance pour les jeux de société et les livres que manifeste leur enfant pour viser déjà des acquisitions académiques. Alors que, à travers ces jeux, l'enfant cherche le plaisir de jouer avec d'autres, d'échanger, d'imiter, de grandir. Il est encore dans une quête de lui-même et n'a pas du tout envie d'apprentissages formels et scolaires. Il apprendra d'autant mieux que l'objectif n'est pas seulement là. Comme en prime.

Cet âge correspond également à ce que les psychanalystes appellent la « période œdipienne ». Le désir de ressembler au parent du même sexe pour pouvoir séduire l'autre parent est un moteur très actif. Viennent alors les jeux « du papa et de la maman » à la recherche du mystère que constitue la conception d'un enfant.

COMMENT LE JEU ÉVOLUE-T-IL CHEZ L'ENFANT À PARTIR DE L'ÉCOLE PRIMAIRE ?

Le cycle du primaire peut être divisé en deux périodes. Chez les 6-8 ans, l'esprit de compétition est très marqué. Ils aiment les jeux actifs, qui offrent la possibilité de se valoriser par rapport aux autres. Ils se comparent, sont dans le défi, la compétition. C'est l'entrée dans la période dite «de latence» en psychanalyse : les enjeux œdipiens sont écartés au profit du désir d'apprendre. Les jeux avec règles, les constructions plus élaborées sont particulièrement appréciés. L'enfant devient raisonnable – l'«âge de raison», dit-on –, aime faire les activités qui impliquent la réflexion, avec des stratégies d'apprentissage de plus en plus complexes. L'envie de mettre ses capacités et ses compétences en exergue est très forte. De même que l'envie d'apprendre les règles du jeu social, de la classe, de la grammaire ou du calcul... L'enfant à cet âge se sent bien avec les règles. Il les accepte, les demande et les revendique. Son sens de la justice est exacerbé : le fameux « C'est pas juste ! »

Entre 8 et 10 ans, cette curiosité et cette envie d'apprendre se maintiennent. Mais un nouvel esprit de « bande » se fait jour. Des petits groupes de copains ou de copines se forment et se mesurent aux autres. Dans les cours de récré, il y a « mes copains » et les autres. Pourtant, les enfants ont encore besoin des adultes pour fixer des règles et des objectifs à leurs jeux. Tous les parents qui ont animé des goûters d'anniversaire le savent bien... Il faut organiser des activités, canaliser le désordre. Sinon, rapidement, filles et garçons se retrouvent chacun de leur côté, désœuvrés.

À l'entrée au collège, vers 11-12 ans, les jeux deviennent plus complexes. La capacité de réflexion des enfants prépubères est accrue. Ils sont capables d'accéder à un raisonnement abstrait. Ils ne sont plus tributaires d'un objet ou d'une règle concrète. Ils anticipent des situations, élaborent des hypothèses. Fabriquer des objets sophistiqués, tels que des maquettes, par exemple, se plonger dans des jeux informatiques, jouer aux échecs, dessiner des figures complexes… Ils commencent à combiner, structurer des données connues sous des formes inédites. Par ailleurs, même s'ils ne sont pas encore pubères, un intérêt pour l'autre sexe se dessine. Leurs goûts vestimentaires s'affirment. Mais pas question de le reconnaître ! Si l'adulte propose des situations de jeux mixtes, ils sont ravis, mais ils n'oseront pas en prendre l'initiative.

Et les demandes de smartphone et d'accès aux réseaux sociaux se font jour, d'autant plus impérieuses que l'image dans le groupe en dépend grandement.

JOUE-T-ON ENCORE À L'ADOLESCENCE ?

Le rejet des jeux d'enfants – de bébés – est la règle (sauf le doudou, passager de la nuit plus ou moins clandestin !) et, en même temps, il ne faut pas s'aviser de toucher ou de jeter les jouets de l'enfance remisés. Mais il ne faut en aucun cas que les copains le sachent ! Sinon, c'est la honte…

À partir de l'adolescence, tous les jeux sont possibles, tant sur le plan physique qu'intellectuel. Il n'y a plus de limites autres que celles de l'être humain. En revanche, l'adolescent est troublé par les changements corporels qui se produisent en lui. Il connait, comme le petit enfant, un décalage entre ce qu'il aimerait pouvoir faire et les possibilités qu'il a de le réaliser. Le petit enfant de 1 an comprend tout ce qui lui est dit, mais possède trois mots de vocabulaire ; il voudrait galoper alors qu'il se déplace à peine. L'adolescent, lui, est plein de projets, notamment dans ses relations avec l'autre sexe. Mais il est freiné par une immaturité affective qui ne coïncide pas avec ce que son corps déjà lui suggère. Il a la capacité de se reproduire mais est souvent en grande inhibition dans ses relations avec l'autre sexe. Ces décalages troublants perturbent transitoirement les possibilités de jeu, en particulier dans les années collège.

L'adolescent n'a pas la sécurité intérieure, la disponibilité qui permettent de plaisanter tranquillement avec quelqu'un, de se livrer à des jeux gratuits qui requièrent un minimum de souplesse. La facilité avec laquelle éclatent des bagarres, des conflits montre bien combien tout est pris au premier degré. L'adolescent est vulnérable, et ce qui vient de l'extérieur est ressenti comme potentiellement dangereux pour l'équilibre précaire dans lequel il se trouve.

Les parents, considérés le plus souvent comme hors jeu par l'adolescent, ne sont pas les mieux placés pour proposer des activités ludiques, encore que... En revanche, les adultes extérieurs – animateurs sportifs ou culturels, parents d'amis – ont la possibilité de suggérer à ce groupe d'âge des jeux qui seront le plus souvent acceptés et appréciés.

Pour autant, il ne faut pas renoncer à offrir des moments de jeu en famille. Il convient juste d'accepter que l'offre soit écartée. L'adolescent est dans une période paradoxale. Il voudrait être l'objet de sollicitude et, dans le même temps, il ne le supporte pas. Si ses parents ne lui offrent plus rien, il se dit, comme le tout-petit : « Ça y est, ils m'abandonnent » ; s'ils lui proposent des activités, il les rejette au prétexte qu'il n'est plus un bébé. Les adolescents sont à nouveau confrontés à des enjeux de séparation.

Idéalement, il faudrait que les parents puissent trouver des zones de jeux possibles. Non pas des jeux au sens classique du terme, encore que des jeux de société puissent être appréciés, mais des activités permettant de maintenir la communication et l'échange. Cela peut passer par une activité sportive ou culturelle. Des situations intermédiaires dans lesquelles il est possible de partager un moment agréable. Une manière d'aménager cette distance qui, progressivement, va devoir s'établir entre parents et enfant, sans qu'elle soit vécue de manière trop inquiétante ou trop douloureuse.

Et n'oublions pas de nous intéresser à ce qui l'intéresse. Les jeux vidéo y compris ! Ils peuvent devenir de bons moyens d'accès à ce qui mobilise le jeune, et donc d'échanges. La question du temps qui leurs est consacré est un autre sujet qui ne doit pas occulter les avantages qu'ils présentent dans le cadre d'un usage avec modération...

LE JEU EST-IL FORCÉMENT LIÉ À L'ENFANCE ?

Le jeu est lié à l'enfance dans la mesure où ses fondations ont été posées à cet âge de la vie. Toutefois, on joue tout au long de son existence. À des degrés variés, selon les êtres humains et leur histoire. Bien sûr, le jeu peut paraître dérisoire ou même un luxe impensable dans certaines circonstances (dans les pays en guerre, ou lorsque les gens souffrent de la misère). Mais si le socle infantile sur lequel se sont constitués la capacité, l'envie et le plaisir de jouer est solide, un adulte peut y trouver les ressources nécessaires pour faire face à des situations difficiles. Dans les pays soumis à des régimes très répressifs, par exemple, l'humour fleurit plus qu'ailleurs parfois. Les adultes puisent dans leur enfance les ingrédients de leur survie.

Le plaisir de partager avec l'autre une situation, d'inventer un univers dont on sait qu'il n'est qu'un reflet transformé de la réalité, comme la complicité qui permet de composer avec le monde tel qu'il est peuvent demeurer intacts bien longtemps.

Certains adultes continuent volontiers de jouer à des jeux de société. Mais en dehors de ces jeux très réglés, il y a bien d'autres formes de jeux. Les adultes ne jouent-ils pas lorsqu'ils se réunissent entre amis, qu'ils échangent des plaisanteries, qu'ils se moquent d'eux-mêmes ? Le jeu amoureux, le jeu de la séduction, n'est-ce pas aussi une forme de jeu ? Et les jeux de hasard ? « On dirait » que l'on va gagner, que tel cheval va arriver en tête, que tel numéro va sortir… Pour quelques minutes, ou quelques jours, le rêve d'un monde nouveau est présent. On joue intérieurement, on partage ses chimères avec d'autres, dans une excitation mutuelle. On se raconte une histoire. Celle du milliardaire qui n'a plus besoin de travailler par exemple, de la même façon que le petit enfant propose à son copain de rentrer sur la scène de jeu : « On dirait que je serais un chevalier, et toi tu aurais un château… »

Et puis, il y a la création culturelle. À partir de l'adolescence et jusqu'à la fin de la vie, que l'on soit spectateur ou créateur, le plaisir de jouer opère un déplacement partiel du côté de la culture.

En effet, l'objet culturel au sens large – danse, musique, peinture, théâtre, etc. – est une scène sur laquelle se déploie l'imaginaire et qui emprunte au jeu. C'est une forme d'échange social, de partage avec un artiste, lequel transmet par le biais de cette médiation ses propres émotions à quelqu'un qui saura les recevoir. Autour des objets culturels sont mobilisés les mêmes mécanismes que ceux mis en œuvre par les enfants lorsqu'ils jouent ensemble avec un jouet.

Le goût pour le cinéma, la musique, la peinture, la danse est une transformation du jeu de l'enfant en un jeu d'adulte. Ses fonctions sont identiques : espérer, rêver, s'émouvoir, échanger, partager, comprendre, explorer.

DU BÉBÉ AU SUJET ÂGÉ ?

Effectivement ! Le jeu se poursuit tout au long de la vie. On pourrait même dire que la vie s'arrête quand cessent le goût et la possibilité de jouer, plus qu'en fonction des capacités et de l'état physique. Ainsi, certains vieillards très diminués physiquement peuvent garder un côté très joueur. Que l'on songe à l'abbé Pierre qui, jusqu'au bout, a joué avec ses interlocuteurs. Il lui suffisait d'un regard, d'un déclic qui signifiait : « Là je joue, est-ce que vous êtes prêt à jouer avec moi ? »

Il n'est qu'à observer le plaisir retrouvé du vieillard auquel est proposé le partage d'un jeu familier pour lui lorsqu'il était enfant. Remontent alors à sa mémoire les émotions passées et les souvenirs de ceux avec lesquels il jouait, intacts.

Comme si les traces des expériences de jeu étaient gravées profondément, telles les braises qui n'attendent qu'un souffle pour se réactiver. Il en va de même pour quasiment tous les adultes, dès lors qu'ils acceptent de dépasser les réticences premières à laisser leur enfance remonter sur la scène actuelle.

2

AUJOURD'HUI, ON N'EST PLUS LÀ POUR JOUER !

LES EXIGENCES DE RÉUSSITE, LA PRESSION SOCIALE LAISSENT-ELLES ENCORE UNE PLACE AU JEU DANS L'ÉDUCATION ?

Aristote disait : « Une vie vertueuse ne va pas sans effort sérieux et ne consiste pas dans un simple jeu. » Dans la même veine, voici la définition que Diderot et d'Alembert donnaient du verbe « jouer » dans leur *Encyclopédie* : « Se dit de toutes les occupations frivoles auxquelles on s'amuse ou on se délasse mais qui entraînent quelquefois aussi la perte de la fortune et de l'honneur. » On voit bien que le jeu, censé détourner du travail et de l'effort utile, a longtemps eu mauvaise presse. Il a fallu attendre les psychanalystes Sigmund Freud et par la suite Donald Winnicott pour qu'il ait une place reconnue dans le développement de l'être humain, qu'il ne soit plus opposé à la notion de travail. Mais le chemin est encore long.

Aujourd'hui, comme au temps d'Aristote ou de nos philosophes du XVIIIe siècle, nous sommes de nouveau dans une période de dévalorisation du jeu. Le jeu gratuit est déprécié au profit du jeu éducatif. Il convient avant tout d'éveiller l'enfant, de stimuler ses compétences pour assurer son bon développement. Le marché du jouet, paradoxalement très florissant, abonde en jeux qui sont autant de propositions au service de l'efficacité et qui n'ont plus grand-chose à voir avec le plaisir de jouer.

Ce phénomène, observable depuis une vingtaine d'années, est bien sûr lié à la peur du chômage, à l'inquiétude croissante quant à l'avenir. Le futur de nos enfants étant incertain – mais a-t-on connu une époque où il n'en était pas ainsi ? –, il importe qu'ils maîtrisent le plus vite possible des connaissances, qu'ils acquièrent des compétences et des diplômes qui pourront toujours servir. Dans ce contexte, le jeu est considéré comme une activité bien frivole.

Les projets de scolarisation précoce, dès l'âge de 2 ans, vont dans le même sens. En confiant le plus tôt possible son enfant à des pédagogues qui ont pour mission de stimuler ses compétences, on espère lui donner une chance supplémentaire de réussir et d'être performant. Plus qu'en lui permettant de développer le plaisir de jouer seul et avec les autres, qui a été la grande réussite de notre école maternelle jusqu'il y a peu. L'enfant de moyenne section de maternelle qui « joue trop » est aujourd'hui vite repéré et considéré comme problématique ! Et que dire des années suivantes où le jeu est cantonné dans les temps de « loisir », au mépris des vertus pédagogiques qu'il recèle. Combien d'échecs et de dégoûts dans les apprentissages seraient évités s'il était mieux considéré ?

LE JEU S'OPPOSERAIT-IL AU TRAVAIL ?

Il ne serait donc pas sérieux de jouer ? Il n'est pourtant pas une espèce de mammifères dont les jeunes n'apprennent pas en jouant. Et ce fut le cas pour la nôtre jusqu'il y a peu. La séparation instituée des temps de travail (scolaire et plus tard dans la vie, professionnel) et, des temps dits « de loisirs » est récente au vu de l'Histoire.

Les premières ludothèques datent du début des années 1970. La notion de jeu est désormais associée à des temps, lieux et activités bien distincts de ceux des apprentissages et du travail, qu'ils s'exercent à l'usine, au bureau ou à la maison.

Et pourtant, n'est-ce pas durant les temps de jeu que nous avons appris les modalités des relations aux autres ? Quel malentendu !

N'est-ce pas par imitation ludique que nous avons acquis des compétences nouvelles dans la vie quotidienne depuis la première enfance, en suivant l'exemple de nos parents et autres membres de notre entourage ?

« Tu n'as rien de mieux à faire que de jouer ? » Combien de fois les enfants ont-ils entendu cette phrase ? Cette opposition entre le temps libre réservé au jeu et le temps consacré au travail est marquée dès la maternelle. Il y a le temps de la classe et le temps de la récréation, et l'enfant intègre très vite ces rites. À l'école, il est sollicité, il lui est demandé de rester assis. Même les découvertes qui empruntent la forme de chansons ou de jeux de construction sont liées à un projet explicite d'apprentissage. L'enfant n'est pas dupe, il perçoit bien la différence entre ce jeu de l'école et le jeu libre tel qu'il le pratique dans sa chambre avec ses frères et sœurs ou avec ses amis, ou durant des temps périscolaires comme cela se met en place dans certaines communes.

Mais penser que travail et jeu s'opposent est dangereux. Car c'est bien en jouant que l'on apprend. Les meilleurs apprentissages se font dans le plaisir de découvrir, de manipuler des idées et des objets nouveaux, d'effectuer des gestes inédits. Le reste, même s'il est nécessaire, résulte d'exercices et d'un entraînement : on l'emmagasine, on le mémorise, on acquiert des réflexes. Pourquoi ne pas donner envie aux enfants de travailler en jouant ? Ce serait plus productif en termes d'attention et de concentration. Les acquisitions seraient en outre beaucoup mieux consolidées.

Et cela est valable à toutes les étapes de la vie. Le petit enfant qui n'a pas eu la possibilité d'être en situation de jeu avec ses proches dans les premiers mois de la vie, puis à la crèche ou chez la nourrice, et qui, à l'école maternelle, a été stimulé, sollicité, s'est vu transformé en objet et non en sujet d'apprentissage, aura un parcours satisfaisant en apparence pendant toute son enfance. Il apprendra à lire, à écrire, à compter. Mais une fois au collège, le risque est grand d'assister à une chute de son investissement scolaire liée au fait qu'il n'a aucun plaisir à apprendre et à découvrir des choses nouvelles. Ses relations avec les autres peuvent devenir tendues, voire violentes, parce que, sans « jeu », il n'y a pas de jeu possible dans la relation avec les autres, pas de jeu possible dans les relations aux apprentissages. Cette absence de jeu stérilise petit à petit l'envie et le plaisir de penser.

On retrouve ce même phénomène chez les adultes. Pour certains, la vie quotidienne est d'un ennui effroyable, sans aucune source potentielle de plaisir. Aller au travail n'est que contrainte. Aucune mission, aucun projet n'est en mesure de relancer ce goût qu'ils pouvaient avoir, enfants, face à des énigmes à résoudre, devant un jeu nouveau, à côtoyer les autres. Ils exécutent leur tâche parce qu'ils n'ont pas le choix, mais n'en éprouvent aucun plaisir.

UN ENFANT NE PERD-IL PAS SON TEMPS QUAND IL NE FAIT « RIEN » ?

Enfants et adultes ne conçoivent pas les notions de temps libre et de rêverie de la même façon. Pour l'adulte, un enfant qui ne fait rien est un enfant qui ne se livre pas à une occupation nommable : devoirs scolaires, activité éducative, activité de loisir, etc. S'il peut dire : mon enfant joue aux Lego ; il fait une partie de ping-pong ; il peint des figurines de maquette ; il range ses timbres de collection… tout va bien. Mais ce qui ne peut être désigné est pour lui synonyme de vide, de non-action. Alors que, bien au contraire, un enfant qui est dans son univers intérieur, plongé dans son imaginaire, est très actif. Il joue avec ses pensées, avec des scénarios élaborés.

Dès l'âge de 1 an, et c'est là une étape majeure dans son développement, le petit enfant peut faire appel à des images intérieures pour différer un besoin jusque-là comblé par l'adulte. Il a une « capacité de rêverie », selon l'expression de Donald Winnicott. Et cette expérience précoce est fondamentale pour sa vie future.

Combien d'adultes, dès qu'ils se trouvent dans un moment de vacance, sans occupation, sans stimulation, ne supportent pas de rester seuls, s'emploient à remplir cette absence d'activité grâce à la télé, aux écrans, à la radio, ou se précipitent dans toutes sortes d'activités ? L'inaction engendre chez eux une angoisse – résurgence de l'insécurité éprouvée dans la petite enfance – qu'il convient de faire taire.

Cependant, et heureusement, beaucoup d'adolescents, d'adultes et bien sûr d'enfants apprécient l'alternance de moments calmes et d'action, ils prennent plaisir à être seuls avec eux-mêmes, à rêvasser devant un livre, une bande dessinée, un jouet. Être sans cesse stimulé sans pauses peut peser et déboucher sur un *burn-out* dont il est à présent fréquemment question, dans le temps même où, aujourd'hui, la « rêverie » est l'objet de tous les reproches. Et pire que la rêverie, l'ennui, qui est une faute à condamner irrémédiablement. S'ennuyer serait ne pas disposer de ressources en soi pour s'occuper. Alors qu'existent tant de stimulations possibles... On ne devrait pas s'ennuyer lorsqu'on est intelligent !

Mais la musique sans les silences serait inaudible, un livre sans ponctuation, sans lignes creuses, sans sauts de paragraphes serait illisible. Il en va de même de la vie. Les hommes ne sont pas condamnés à vivre en flux tendu. Nous ne sommes pas au bagne ou dans l'industrie telle qu'immortalisée par Charlie Chaplin dans *Les Temps modernes* !

Paradoxalement, à une époque où les exigences de rendement sont plus fortes que jamais, l'aspiration aux vacances, aux loisirs n'a jamais été aussi marquée. Règne du tout ou rien, où l'on s'épuise au travail avec pour ligne d'horizon les week-ends, les jours de RTT, la retraite… qui seront à leur tour occupés par des activités de bricolage, de ménage, etc.

Les adultes font l'éloge du temps libre et ne le supportent pas pour leurs enfants. Ils mettent en avant la réussite scolaire comme une garantie d'avenir professionnel radieux et n'aspirent qu'au repos et aux distractions. Pris dans ces multiples contradictions, les enfants ne comprennent plus rien.

L'ennui, même assorti d'une certaine langueur, d'une certaine tristesse, peut être un moteur pour chercher d'autres sources d'investissement. L'ennui n'est pas nécessairement négatif. Les parents n'ont donc pas l'obligation d'« occuper » leur enfant à tout prix, de lui proposer des activités dès qu'il est dans l'inaction, de le stimuler sans cesse.

JOUER DU PIANO, JOUER AU FOOT, ETC. : EST-CE ENCORE JOUER ?

Tout dépend de la manière dont ces activités sportives, culturelles ou manuelles sont conçues et présentées aux enfants, et sont vécues par lui. S'agit-il de jeux mis au rang d'apprentissages comme les autres ou d'activités conservant une dimension plaisir ? Si on appelle « jeux » des exercices construits et proposés comme des activités éducatives, on ne peut pas parler de « jouer ». Bien sûr, un certain nombre de règles sont à acquérir si l'on souhaite pratiquer un instrument de musique, un sport, etc. Mais tout est fonction de l'état d'esprit dans lequel les éducateurs enseignent ces activités, et bien sûr de celui des parents qui les prescrivent. Les envisagent-ils comme une source d'épanouissement pour leur enfant ou comme un remplissage de son emploi du temps ? Par exemple, le piano favorise la motricité des doigts, il fait aussi partie du bagage culturel, mais, pour de nombreux enfants, sa pratique sera d'autant plus acceptable qu'elle ne sera pas seulement envisagée sous cet angle.

Beaucoup de jeunes soumis trop tôt à l'exigeant apprentissage du solfège et qui ont dû attendre un, deux, voire trois ans avant de toucher un instrument finissent par abandonner. Alors que certaines méthodes pédagogiques permettant d'emblée de pratiquer un instrument et, au fur et à mesure que la progression se fait, de s'initier au solfège sont beaucoup mieux acceptées. La grammaire comme le solfège sont au service d'une découverte qui progresse. Plaisir et sérieux peuvent alors se combiner harmonieusement. La grammaire est enseignée à l'enfant sachant parler.

Cette priorité donnée aux choses sérieuses au détriment du plaisir de la découverte et du jeu est une profonde erreur. Bien sûr, il ne s'agit pas de retomber dans les excès de la fin des années post-68, où pour certains tout était loisir, divertissement, et où les enfants, certes d'une grande curiosité intellectuelle, ne possédaient que quelques rudiments de grammaire et d'arithmétique à l'issue du cycle scolaire primaire. Mais notre époque ne parvient plus à établir un équilibre entre le plaisir, qui permet d'apprendre avec intérêt, et les règles, qui rendent encore plus utilisable l'apprentissage. Une fois le solfège acquis, il est très agréable de lire les partitions, de comprendre la structure d'une pièce musicale. Mais ce plaisir sera d'autant plus vif qu'il aura déjà été éprouvé avec la pratique de l'instrument. Et cela vaut pour toutes les activités sous-tendues par des règles et un savoir technique.

De nombreux enfants, espérant chaque année s'évader d'un cadre trop rigide, zappent ainsi d'activité en activité – en ayant chaque fois le sentiment d'avoir été floués.

3

QU'EST-CE QUE JOUER ?

GAME OU PLAY ?

Les Anglo-Saxons font la distinction entre le *game* et le *play* : jouer avec ou sans règles. Que suppose cette distinction ?

En français, il n'y a qu'un seul mot pour qualifier ce qui, chez les Anglo-Saxons, se décline sur deux registres, les *games*, jeux avec règles, et les *plays*, jeux sans règles. Deux manières de jouer qui supposent des ingrédients, des âges et un état psychologique différents. Les *plays* font appel à la créativité, à l'imagination, sans autre préalable que la décision de jouer. Les *games*, quant à eux, impliquent que les joueurs aient conscience du besoin de régulation dans les relations entre eux. Ce sont des jeux au service de l'apprentissage, de la socialisation et auxquels ne peuvent se livrer les tout-petits. Même s'ils peuvent générer du plaisir en prime.

Dans l'espèce humaine, contrairement à ce que l'on observe chez les animaux, il n'existe pas de jeux ayant des règles implicites qui permettent de contrôler les débordements. Par défaut, ce sont les outils de médiation, tels les jeux avec règles établies au départ – à l'instar de la loi –, qui permettent de réguler les rapports sociaux. La liberté, le plaisir de jouer s'expriment à l'intérieur du cadre défini.

Dans les premiers temps de sa vie, le tout-petit joue sans règles, puis, au fur et à mesure qu'il grandit, il commence à apprécier qu'il y en ait. Il ne s'agit pas pour lui de jouer sur-le-champ à des jeux de société très complexes, mais seulement d'agir dans un cadre de référence. Par exemple : « On dirait qu'on construit une tour avec des gros cubes », la règle du jeu pouvant être de la faire avec dix cubes. Par la suite, si l'enfant participe de plus en plus volontiers à des jeux avec règles, les jeux entièrement libres demeurent pour lui importants. En revanche, à partir de 6 ans, alors qu'il entre dans la période de latence où il tente de contenir ses pulsions, l'enfant marque un net penchant pour les règles. Donald Winnicott soulignait que cette ouverture sur l'imaginaire, cette potentialité infinie qu'offre le jeu sans règles peut être vertigineuse pour certains enfants qui, à cet âge de la vie, ont tout particulièrement besoin d'être cadrés, limités, au risque sinon d'un débordement, d'une excitation qui ne pourraient plus être canalisés.

Enfin, après la puberté, l'adolescent préfère contourner, contester, explorer les règles. Pour un temps, il est de nouveau à la recherche du plaisir de l'ouverture, de la liberté, voire de la transgression, comme le tout-petit pouvait l'être…

JOUER SEUL OU À PLUSIEURS, EST-CE LA MÊME CHOSE ?

Pour le tout-petit, soi, l'autre et les objets du monde extérieur ne font qu'un : on peut donc dire qu'il joue seul même lorsqu'il est entouré. À la fin de sa première année de vie, en revanche, on peut commencer à parler de jeu « avec l'autre ». Avec son environnement proche au début, c'est-à-dire ses parents ou ses frères et sœurs s'ils sont suffisamment proches en âge. Les bébés mis en présence les uns des autres tentent de s'attraper une main, un doigt de pied, une jambe, une façon de s'approprier l'extérieur en le manipulant, en l'explorant. Jouer, à cet âge, c'est aller progressivement à la découverte du monde, de soi et de l'autre. Car, oui, l'autre est désormais reconnu, et des échanges s'instaurent. Si, pour le bébé, le fait de tirer sur un pied ou une main engendre une réaction – que ce soit des pleurs ou des rires –, il y a bien un dialogue par le biais du jeu. Le bébé reconnaît bien, face à lui, un autre être humain qui émet des bruits, des paroles, des commentaires, qui exprime des émotions.

Puis, le temps passant, les autres prennent de plus en plus d'importance. À la crèche, chez la nourrice ou à la maison avec les frères et sœurs, la recherche du jeu avec l'autre prend de l'ampleur. En revanche, il n'est pas encore possible de parler de jeu de groupe. La découverte des jeux à plusieurs se fait vraiment à partir de l'école maternelle. Jeux sans ou avec règles au début, puis de plus en plus avec règles, lesquelles sont initiées par les adultes. On va jouer à la balle au prisonnier, former des équipes pour tirer sur une corde, créer une fresque commune en appliquant ses mains couvertes de peinture sur une feuille… Tous ces jeux de la petite enfance sont des jeux de groupe. Dans le même temps, il y a toujours la persistance, chez presque tous les enfants, d'un plaisir à jouer seul à certains moments. L'alternance de phases de repli et de jeu partagé est commune à tous.

Après la puberté, les jeux à plusieurs, les groupes, les bandes prennent une importance majeure. Toutefois, plus l'adolescent sera en difficulté dans ses relations avec les autres, plus il continuera à apprécier les jeux solitaires.

Mais, dans tous les cas, jouer seul ou à plusieurs est très différent dans la mesure où la présence de l'autre est une limite. Il faut bien tenir compte de lui si l'on souhaite échanger. Jouer à plusieurs suppose qu'il y ait un consensus autour du projet de jouer. Alors que jouer seul ne dépend que de soi. Si l'on est las de s'amuser avec ses Lego ou sa poupée, on passe à autre chose. Si l'on a décidé de jouer avec d'autres à ces mêmes jeux et que l'on veut arrêter, la situation globale du jeu – et donc les autres – est mise en question. On voit souvent dans les cours de récréation des petits de 3 ou 4 ans, bien décidés à jouer à la marelle, à la corde à sauter, au ballon ou aux billes, confrontés à des « empêcheurs de jouer » qui sèment la pagaille, refusent de jouer avec tel ou tel de leurs camarades. Il ne suffit donc pas de décréter que l'on va jouer pour que ça se déroule convenablement. Il faut faire face à l'adversité, se réorganiser en sous-groupes. Et c'est tout ce qui donne sa valeur au jeu.

Avec les autres, c'est plus compliqué… mais attractif aussi ! En témoigne le succès des réseaux sociaux et autres jeux vidéo en réseau qui permettent au plus inhibé d'avoir un sentiment d'appartenance à une communauté qu'il serait bien incapable de rejoindre dans la « vraie vie ».

Y A-T-IL DES LIEUX PRIVILÉGIÉS POUR JOUER ?

Évidemment, certains espaces sont plus adaptés que d'autres pour jouer, mais il n'y a pas, dans l'absolu, de lieux privilégiés. Jouer tient plus à des dispositions personnelles de l'enfant qu'à des lieux. On peut jouer dans son lit, sa chambre, au salon, dans la rue, un jardin, les squares, les terrains vagues, la voiture… Les enfants opèrent un ajustement très spontané en fonction de l'espace disponible. Et ce, pour une raison simple : l'imagination n'a pas de limites et les contraintes peuvent faire partie du jeu.

Évidemment, les enfants peuvent se mettre à jouer au football dans le salon de 10 m^2… Mais là, si le rappel à l'ordre n'a pas d'effet, ça n'est plus un jeu, mais de la provocation.

Les espaces de jeu les plus courants demeurent bien sûr ceux de la maison. La chambre, le plus souvent, bien que parfois l'enfant s'installe au milieu du salon comme s'il avait besoin de témoins qui ne participent pas à ses activités. D'autres fois, quand un enfant apporte ses jouets dans l'une des pièces communes de la maison, les parents peuvent l'entendre comme une proposition : « Est-ce que vous ne voudriez pas jouer avec moi ? » semble-t-il dire. Ou tout au moins a-t-il besoin d'une présence attentive, d'une atmosphère suffisamment sécurisante pour se sentir protégé par la bienveillance du regard parental. On pourrait s'inquiéter pour un enfant qui jouerait toujours seul dans sa chambre, la porte close. Que l'adolescent le fasse, en revanche, n'a rien d'étonnant.

Et puis, plus l'enfant grandit, plus l'extérieur devient un terrain de jeu propice : les lieux institués tels que la cour de récréation, où horaires et présences imposés forment un cadre ; les lieux non dédiés au jeu et qui ont une plus-value du fait de leur caractère parfois transgressif, où l'on peut s'inventer tout un monde, comme un terrain vague ; et puis les trottoirs, les jardins, des espaces qui offrent des univers à recréer. Les petits sont heureux de jouer dans les squares aménagés et pensés pour eux, et, même jusqu'à 10 ans, les enfants ne boudent pas les balançoires, les filets, les toboggans, etc. Même s'ils en font un tout autre usage que celui pensé par les concepteurs. Mais les aménagements urbains conçus dans le strict respect du développement de l'enfant – donc parfaitement maîtrisés – n'auront jamais, pour les plus grands, la saveur du terrain vague, du monticule de terre, de l'arbre où l'on grimpe, du bosquet où l'on peut se dissimuler, ou de la pente de trottoir vertigineuse.

L'être humain compose avec son milieu. De la même façon qu'il joue aussi bien avec des bouts de ficelle et des bâtons qu'avec des jouets très sophistiqués, il peut tout autant jouer sur un morceau de trottoir que dans un parc d'attractions.

Que les parents citadins qui rêvent pour leurs enfants de grandes maisons et de jardins idylliques se rassurent. Les enfants s'adaptent à leur environnement à la mesure de l'adaptation de leurs parents. Jamais un enfant ne trouvera inconfortable un lieu dans lequel ses parents sont heureux. Les parents qui craignent que leur enfant ne puisse pas être heureux sans un jardin parlent le plus souvent de leurs propres aspirations et de leur fantasme de la vie rurale.

JOUER AVEC OU SUR LES MOTS, EST-CE UN JEU ?

On ne peut parler de jeu « avec ou sur les mots » qu'à partir du moment où le langage est le moyen préférentiel de communication et de relation avec les autres. Si le langage verbal s'ébauche autour de la première année, il n'en est fait usage au début que pour communiquer un désir, un projet, pour décrire une situation.

La possibilité de jouer avec les mots apparaît plus tard, au début de l'école maternelle. Ce sont avant tout les sonorités qui plaisent, les mots de type « caca boudin ». On joue avec l'autre, en particulier l'adulte, on vérifie l'impact que ces mots, ces sons ont sur lui. L'amusent-ils ou au contraire le mettent-ils en colère ? Sont-ils interdits et qu'est-ce qu'ils recouvrent alors ? Ils représentent une médiation dans la relation à l'autre, une façon aussi de parler de ce qui excite ou intrigue.

Le jeu avec les mots faisant appel au véritable sens de l'humour implique, quant à lui, une capacité de distance par rapport au langage et intervient bien plus tard, vers la fin du cycle scolaire primaire et au début de l'entrée au collège. En fait, il s'agit d'un processus évolutif : l'enfant commence par jouer avec des sonorités, vérifie leur impact, puis il utilise des images, évoque des situations cocasses, avant d'en arriver à l'humour à proprement parler, qui nécessite l'usage du deuxième, voire du troisième degré. Et puis, il y a des enfants qui seront à jamais dépourvus de cette capacité. Tous les adultes n'en disposent pas !

Mais, dans tous les cas, jouer avec le langage, avec des représentations, des idées, des situations farfelues est bien un jeu. « On dirait que », les histoires de Toto, les comptines, les chansonnettes, voilà toute une gamme de jeux.

En fait, les mots peuvent être comparés à un jouet. Une dînette ou un petit établi de bricolage, par exemple. Soit l'enfant les utilise pour faire comme les grands, en vue de s'en servir plus tard dans une autre dimension et en vue d'autres réalisations, soit il s'amuse avec les tasses et les assiettes de la dînette ou les outils en bois de l'établi pour créer de nouveaux univers. Il en va de même avec les mots.

Cette disposition à jouer ou non avec le langage, à percevoir les infinies nuances qu'il recèle sera fonction de l'entourage de l'enfant. Pour certains parents, le langage sert avant tout à informer, à formuler des choses précises. Tandis que pour d'autres, outre son caractère utilitaire, le langage contribue aussi à créer des situations inattendues, à jouer et à inventer.

Les comptines, les chansons, les histoires qu'on fera découvrir à l'enfant sont autant de manières de jouer avec des mots et de lui instiller l'idée selon laquelle, au-delà de leur fonction utilitaire, les mots sont également une source de plaisir. Les retours amusés qui lui sont faits sur ses premiers mots ou ses premières constructions de phrases maladroites, ses néologismes ne le laissent pas indifférent. Petit à petit, il constate qu'en chamboulant un peu les lettres et les mots il parvient à surprendre et à amuser son interlocuteur.

L'amusement partagé et bienveillant aide l'enfant à améliorer sa locution et, dans le même temps, à lui faire entrevoir les vertus de quelques maladresses de langage. Certains individus conservent de ces premières expériences un goût prononcé pour les inventions qui déconcertent, les créations qui surprennent ou suscitent des émotions. Artistes, poètes ou créateurs, ils ont su garder ces plaisirs éprouvés par l'enfant qui jouait avec des mots incongrus et décalés.

Il ne s'agit pas pour autant d'inciter l'enfant à multiplier les bons mots, de l'encourager à dire n'importe quoi, n'importe où. Car il faut aussi l'aider à discerner progressivement les différents registres de langage et l'appui que représente la grammaire.

Bien plus tard, on retrouve chez la plupart des adolescents ce goût prononcé pour les jeux de mots et la création de nouveaux langages. Ils prennent plaisir à communiquer dans leur groupe sur un mode incompréhensible pour les adultes. Le bénéfice de ces jeux est double : joie d'inventer un nouveau langage comme le verlan, par exemple, et satisfaction d'échapper au contrôle de l'adulte. Ces jeux empruntent à la première enfance l'usage de grossièretés, d'insultes, qui procurent cette jubilation qu'avait le petit enfant lorsqu'il proférait des gros mots afin d'observer les réactions amusées, horrifiées ou scandalisées de son entourage. L'adolescent parcourt une vaste gamme qui va de l'humour aux mots grossiers en passant par la création de nouvelles formes d'expression. Certaines chansons témoignent de ces productions où le goût de déconstruire la grammaire est manifeste. Elles rendent bien compte des émois de cet âge et du plaisir de subvertir la langue en la soumettant à une créativité sans limites.

FAIRE DES FARCES, EST-CE UN JEU ?

Le plaisir de faire des farces apparaît principalement entre 2 ans et 5-6 ans, période où le contrôle sphinctérien comme mode de relation aux autres est une forme de satisfaction par la maîtrise que l'enfant acquiert de la possibilité de s'opposer ou de se soumettre à la demande du parent. Maîtriser petit à petit son corps, en découvrir les possibilités et les limites, vérifier ce qui échappe, ce qu'on peut contenir… Par analogie, l'enfant jubile en jouant avec des choses, des idées, des images sales. Les histoires de « pipi-caca » amusent follement, comme plaisent aussi les situations où l'on peut se tacher, sauter dans des flaques boueuses, etc.

Les farces ont à voir avec ce plaisir de la transgression et de surprendre l'autre. Faire des farces, c'est également faire vivre à l'autre les peurs que l'enfant porte en lui. Peur de l'obscurité, des voleurs, des fantômes, des araignées. Alors, faire peur, c'est drôle. L'enfant se déguise, surgit soudain sans crier gare… et assiste à la peur provoquée. Comme une manière d'apaiser en soi-même ce que l'on redoute. Être l'acteur et non celui qui subit. Un peu plus tard, ce sont les pétards, les boules puantes, une punaise déposée sur une chaise… Les farces ne sont jamais dénuées d'un certain sadisme. La conscience de transgresser, de dépasser la limite ou l'interdit donne tout son sel à la farce. Ces jeux transgressifs sont une sorte de soupape et de récréation dans la relation aux adultes. Une façon d'échapper un temps à leur emprise.

Dans la farce, l'autre est un jouet. L'enfant explore des réactions, des émotions, une sensibilité, comme il explore un jouet nouveau. Le petit enfant jusqu'à 2-3 ans mène ces découvertes à travers les corps, premiers vecteurs des émotions et des réactions, puis il passe ensuite en grandissant à la relation à l'autre par le biais des jeux avec les mots, avec les phrases. Ce qui n'empêche pas des retours en arrière, y compris à l'âge adulte. Sinon, pourquoi les magasins de farces et attrapes, où l'on peut acheter des coussins péteurs et autres joyeusetés, subsisteraient-ils ? Certains adultes n'ont pas besoin d'être poussés très loin pour retrouver ces plaisirs. Plus la farce est grosse, plus ça fait rire ! En fait, toutes ces strates des expériences de vie demeurent présentes, l'une ne chassant pas l'autre.

SE DISTRAIRE, SE DIVERTIR, S'AMUSER... JUSQU'OÙ PEUT-ON PARLER DE JEU ?

Le besoin de se divertir et de se distraire, quel que soit l'âge, emprunte à la qualité des expériences de jeu de l'enfance. Toutefois, la gamme des situations de divertissement et de distraction est plus large que celle du jeu. Faire une promenade à la campagne, lire un livre, écouter de la musique est un divertissement et non un jeu. Cela témoigne pourtant, comme dans le jeu, de ce besoin qu'a l'être humain, tout au long de son existence, de ne pas être uniquement orienté vers des tâches fonctionnelles, de ne pas céder à la routine, mais au contraire d'être surpris, dérouté, pour pouvoir créer de nouvelles situations. Cette nécessité fondamentale constitue le socle commun au divertissement, à la distraction et au jeu.

Le plaisir attendu dans la distraction ou le jeu n'est pas systématique. On ne peut pas décréter à coup sûr que l'on va s'amuser. L'amusement ne se commande pas. C'est le caractère surprenant d'une situation non reproductible à volonté qui lui donne toute sa saveur. Il faut se mettre en situation de quitter le registre de la volonté pour permettre que surgissent des surprises. On ne peut parler de « jouer » qu'à partir du moment où l'on est dans une certaine disposition d'esprit et d'ouverture qui n'est pas sous le signe de la maîtrise, de la recherche raisonnable et anticipée. Rien ne tombe plus à plat que de décréter que l'on va s'amuser, que l'on va faire un bon mot qui fera rire, ou que l'on va faire la fête de telle heure à telle heure.

Bien sûr, il y a quand même des conditions pour jouer. Le jeu ne surgit pas par hasard, mais il importe surtout d'être disponible à la nouveauté. Par exemple, le plaisir d'une conversation tient à presque rien. On signale à l'autre, de façon très subtile, que l'on est d'accord pour ne pas parler uniquement de manière sérieuse, que l'on est prêt à jouer avec telle évocation, telle idée. C'est dans cette ouverture à la surprise, seul ou à plusieurs, que l'on pourra parler de jeu. Les futurs joueurs se sont mis d'accord pour établir qu'il s'agit de faire comme si, de faire semblant de... Jeux moteurs et physiques comme pour ce petit garçon qui décide de jouer à la bagarre parce qu'il a décrété que c'était du jeu, ou pour tels autres qui jouent avec de l'eau, au docteur, à la balançoire... On se met dans une situation de liberté potentielle dans laquelle vont se créer des échanges, des évocations, des pensées, des mouvements, des sensations nouvelles que l'on va accueillir avec plaisir. C'est à cette condition que l'on peut parler de jeu, quelle que soit la forme apparente qu'il prend.

Jeux tranquilles, jeux agressifs, jeux avec son corps, ses sensations, comme lorsque le tout-petit attrape à pleines mains les aliments qu'il malaxe. Il joue avec sa sensorialité, au-delà de l'aspect utilitaire du repas. De la même façon, lorsqu'il apprend à marcher, il trébuche, fait exprès de se mettre sur un pied, tente de courir alors qu'il sait qu'il va tomber… il se met en situation d'explorer ses capacités motrices. Il ne programme pas un exercice dans le but de perfectionner sa marche, mais prend plaisir à s'essayer à un nouveau jeu.

Jouer, ce n'est pas tendre vers un but précis, mais s'ouvrir à l'inattendu.

4

LES ENJEUX DU JEU

L'ESPACE DU JEU, UN ESPACE TRANSITIONNEL

On parle souvent du jeu comme phénomène « transitionnel ». Comment doit-on comprendre cette notion ?

C'est au psychanalyste anglais Donald Winnicott que l'on doit la notion d'objet transitionnel. Il intervient lors d'une étape fondamentale située autour du sixième mois de vie du bébé. Celui-ci, comme on l'a déjà vu, passe d'un état d'indifférenciation entre lui, les objets et les autres à une perception nouvelle de l'objet auquel il va progressivement conférer un statut, une identité propre. Cette différenciation se fait grâce à la présence parentale, qui participe aux interrelations entre le bébé et l'objet. Le parent tend un objet – une peluche, un hochet, un chiffon, ce que l'on appelle souvent un « doudou » –, le reprend, le nomme, en parle. Au fur et à mesure, le tout-petit passe d'une perception d'un tout homogène à une différence entre cet objet, son parent et lui-même. En faisant la liaison entre l'objet et le bébé, le parent garantit tout à la fois la continuité, la permanence de ces liens et la possibilité de s'en dégager, ce qui assure au bébé un sentiment d'existence personnelle continue. Il n'est plus uniquement tributaire et dépendant de la présence de son parent pour se sentir vivant et entier. Il peut prendre appui sur le doudou, en attendant le retour de la présence du parent.

Pour que cette étape soit heureusement franchie, le parent doit assurer cette continuité des mouvements entre présence et absence avec suffisamment de constance et de bienveillance. L'objet peut alors être investi par le bébé comme un représentant de l'absent, en particulier dans les moments de séparation. Il garantit son retour. Il n'est pas le sein de sa mère, ce n'est pas sa mère, il est un objet bien réel, stable, que l'on peut modifier, jeter à l'occasion, toucher, qui résiste à l'agressivité. En d'autres termes, il est permanent. Cet objet est en même temps un représentant du parent – c'est là son statut particulier – et un représentant de la relation possible et durable entre le parent et le bébé, sans pour autant être le parent. C'est en cela qu'il est transitionnel. Le tout-petit peut s'appuyer dessus pour attendre, espérer, etc. Grâce à la fiabilité de cet objet qui a été mise à l'épreuve, il va pouvoir accéder à ce que Winnicott a défini comme la « capacité à être seul ». Cela suppose une fiabilité suffisante des réponses apportées jusqu'alors aux besoins de l'enfant.

Cette étape essentielle du développement permet à l'être humain, tout au long de son existence, de pouvoir attendre, former des projets, imaginer l'avenir, nouer des relations personnelles satisfaisantes, avoir une capacité d'anticipation, parce qu'il a eu ces expériences précoces où il a pu faire confiance à un objet intermédiaire, un objet transitionnel comme garant de ce qu'il espère voir advenir.

À la fin de la première année de vie, cet objet continue à être précieux pour le petit enfant. Toutefois, au fil des mois puis des années, s'opère un glissement vers d'autres types de supports, qui ne sont plus exclusivement matériels, mais qui ont la même fonction.

L'objet transitionnel cède alors la place à ce que Winnicott appelle une « aire transitionnelle d'expérience », laquelle se déploie sur une scène plus large, s'étend à de multiples registres, du plaisir de la conversation partagée à celui d'éprouver des émotions autour d'un objet culturel. Tout ce qui nous permet d'être en relation avec les autres indirectement, sans corps-à-corps mais avec un intermédiaire, est aire transitionnelle, au sens de Winnicott. Par exemple, lorsque deux personnes partagent une situation de jeu, chacune parle un peu de soi à travers ce jeu, mais indirectement. Le jeu, quel qu'il soit, joue alors le rôle de médiation. Entre un créateur et un amateur d'objets culturels, il en va de même. L'oeuvre n'est ni l'auteur, ni le musicien, ni le peintre, même si elle leurs est due ; elle n'est pas non plus le lecteur, l'auditeur, le spectateur. Chacun se retrouve autour de cet objet médiateur où se mêlent l'émotion du créateur et la sensibilité de celui qui s'y plonge.

Cette étape où le petit enfant prend conscience des différences entre ce qu'il connaît et ce qu'il ne connaît pas, entre lui et l'autre est donc constitutive de sa personnalité. Bien sûr, il n'y a pas une manière univoque d'investir un objet, mais un bébé qui n'aurait pas de support transitoire pour repérer la différence entre le familier et l'étranger, entre sa mère et lui, risque de rencontrer des difficultés par la suite, notamment dans sa capacité à pouvoir jouer et à supporter les frustrations.

S'il n'a pas vécu et éprouvé la différence entre l'intérieur de son corps, de soi, de sa vie psychique et le monde extérieur, il continuera de prêter aux autres ses propres sentiments, ses propres angoisses, ses propres visions du monde, il sera incapable de considérer que l'autre peut penser autrement. À l'inverse, si la différenciation a été radicale, il n'y aura pas de sentiment de familiarité possible entre soi et l'autre, pas d'empathie envisageable.

Par le jeu entre soi et l'autre qu'elle instaure, l'aire transitionnelle permet d'établir des liens sans qu'ils soient menaçants, sans qu'il y ait risque de confusion ou d'exclusion.

JOUER, EST-CE UN ACTE CRÉATIF ?

Jouer est d'abord une manière d'assurer des liens nouveaux avec l'extérieur. Une sorte d'« aire d'illusion », selon l'expression de Donald Winnicott quand il parle de l'espace transitionnel.

Une illusion sur laquelle chacun s'accorde. « On dirait que », dit l'enfant qui invente des histoires, imagine des situations, des objets, des supports nouveaux qui sont autant de créations. Le jeu est un lieu de projection où l'imagination se déploie. Lorsque l'enfant joue seul à se raconter des histoires, il est un créateur d'univers, un univers fait de lui-même et d'éléments empruntés à ses parents, à la télévision, aux livres, à ce qu'il perçoit du monde extérieur, etc. Avec tous ces ingrédients venant de l'extérieur et de son intérieur, il forme un univers nouveau et virtuel sur lequel il projette son imaginaire.

À plusieurs, les enfants qui jouent s'accordent pour co-créer un environnement où chacun apporte ses ingrédients. La construction se transforme au gré des suggestions de chacun. Se met alors en place une véritable création collective. Jouer est donc bien un acte créatif dans la mesure où l'on fait du nouveau avec du familier.

Pour Donald Winnicott, cette capacité qu'a l'enfant de créer le monde est bel et bien une définition du jeu. Le bébé crée le monde à sa mesure. Au début, il imagine un sein, un biberon, une présence rassurante, etc. Et cette capacité qu'il a déjà de se créer un monde contient en germe les futures situations de jeu. C'est parce qu'ils auront eu du plaisir dans la manipulation d'objets transitionnels, puis dans les aires transitionnelles d'expérience que les enfants pourront mettre en commun ce capital et renforcer encore le plaisir qui ressort d'un jeu à plusieurs.

Ces apports enrichissent le jeu. Les enfants conviennent implicitement d'une règle du jeu, s'entendent sur un « on dirait que », sachant qu'il ne s'agit pas d'une situation réelle. Ils s'accordent pour créer un monde nouveau qui n'est ni la réalité externe, ni la réalité interne de chacun. Et même lorsque le jeu semble assez stéréotypé, assez rationnel, il existe toujours de nouvelles combinaisons possibles qui sollicitent et stimulent l'imagination de l'enfant. Au Monopoly, par exemple, le bénéfice n'est pas seulement d'acquérir sa petite maison ou sa rue. L'enfant voyage entre la gare Saint-Lazare et l'avenue de la Paix, il devient propriétaire, il peut garantir l'approvisionnement en électricité ou en eau, un univers intérieur s'ouvre en lui. Il y a une prime de plaisir spécifique.

À partir de ces premiers jeux d'enfants, il y a progressivement un glissement vers des expériences culturelles, c'est-à-dire la découverte des plaisirs liés au théâtre, à la musique, à la peinture, au cinéma, à la littérature, etc. Se rejouent sur la scène culturelle des enjeux précoces. Pour les artistes, il s'agit de transmettre ce que leur monde interne leur commande de communiquer. Le créateur reste empreint du plaisir infantile qu'il ressentait dans les tout premiers âges de sa vie. Soit il en a la nostalgie, soit cette étape a eu une importance majeure pour lui, comparée aux étapes suivantes qui ont pu se révéler plus problématiques. Grâce à la création artistique, il perpétue ces temps où il y avait du plaisir à jouer ou à échanger avec l'autre qui bénéficie en retour d'une reconnaissance d'émois qu'il ne pouvait nommer jusqu'alors ou qu'il peut revivre autrement sous une forme sensible.

Jouer sert-il à apprendre à vivre en société, en groupe ?

Jouer avec les autres correspond à une pratique et à un désir croissants. Qu'il s'agisse des jeux coopératifs, de plus en plus sollicités par les acheteurs de jouets, ou des temps partagés en groupe autour d'un jeu sportif ou de cartes, ou encore, dans un autre registre, des jeux vidéo en réseau mettant en relation des joueurs du monde entier. Le plaisir du partage l'emporte là sur la recherche de gains. Et c'est bien à l'image du développement de plus en plus recherché de modalités de fonctionnement en groupe ; que ce soit dans la recherche, les start-up, et autres situations dans lesquelles la mise en commun des compétences et des intérêts est appréciée pour l'enrichissement des idées et la créativité qu'elle occasionne. Assiste-t-on à un changement d'époque et d'état d'esprit, ou à un retour à ce qui fondait les sociétés humaines autrefois ? Lorsque la solidarité entre les membres d'un groupe était une garantie de survie mieux assurée.

C'est ce qui se passe encore dans certaines populations rurales africaines sous forme de jeux plus codés après l'âge de 5 ans que ceux de la première enfance et impliquant encore davantage la notion de groupe : luttes traditionnelles des garçonnets qui s'affrontent tels de petits taureaux, mais dont aucun partenaire ne doit sortir meurtri, ou danses collectives des fillettes, quoique leurs compagnons ne se soustraient pas à la démonstration de leur propre savoir-faire en la matière. Cette proximité physique avec les autres mène vraisemblablement à une acceptation aisée de son propre corps ainsi qu'à des formes de sociabilité plutôt ouvertes.

Chez l'animal aussi, le jeu est un mode de régulation et d'apprentissage de la vie en société, ainsi qu'un mode d'acquisition de compétences nécessaires à la vie future. Comme lui, l'être humain l'utilise pour « se débrouiller » dans ses relations aux autres, dès que ses capacités motrices le lui permettent, à la crèche, dans les squares, puis dans les cours de récréation, et plus tard dans un groupe d'adolescents. En attendant la vie sociale et professionnelle. Toutes les situations de groupe sont un terrain d'entraînement pour ménager son propre intérêt sans nuire à celui des autres et découvrir les satisfactions du partage. Pour y parvenir, il y a un certain nombre de compétences relationnelles à acquérir et de codes à respecter.

Il est intéressant de voir, notamment dans les jeux impliquant des distributions de rôles, des répartitions de tâches et de responsabilités, comment, dès les premiers temps de la vie, les enfants reproduisent ce qu'ils ont pu observer chez eux. En fonction du modèle que leur offre leur fratrie, des relations sociales qu'ils observent autour d'eux, et de celles de leurs parents...

Certains adoptent systématiquement une position de leader, de meneur de jeu. Ils décident de qui tiendra tel rôle, sont à l'initiative des jeux, arbitrent… tandis que d'autres sont en position plus passive. Il ne faudrait pas en conclure que ces rôles sont distribués à vie. Cependant, il y a des tendances, surtout si elles se confirment année après année. Certains vont expérimenter différents types de positionnement social avant que se détermine celui qui leur convient le mieux, tandis que d'autres vont progressivement renforcer une tendance qui les amènera à penser qu'ils sont destinés à être leaders ou passifs. Ils s'en plaindront éventuellement tout en y trouvant certains bénéfices. La répartition des rôles dans le jeu reste très ouverte ou renforce une tendance qu'a l'enfant dans une situation donnée. Spontanément, les enfants empruntent la plupart du temps des schémas observés à l'extérieur, soit pour les copier, soit pour les inverser.

Les parents peuvent intervenir utilement lorsque la distribution des rôles est toujours la même, que l'un des enfants semble s'enfermer dans un schéma, par exemple celui de victime, ou que le partage des tâches n'est pas équitable.

À défaut d'intervenir directement – ce qui pourrait laisser penser à ses camarades que tel ou tel enfant n'est pas capable de s'en sortir seul –, les parents peuvent après coup reparler avec leur enfant de la situation. Il importe de vérifier avec lui que ce rôle qu'il tient lui plaît, et de voir s'il pourrait imaginer se débrouiller ou agir autrement. Il ne s'agit pas pour les parents de se transformer en justiciers, mais d'aider leur enfant à sortir d'une situation figée lorsque c'est le cas et qu'il en souffre, de lui permettre d'élaborer une stratégie pour s'opposer à un scénario qui ne lui convient pas ou plus. En bref, lui donner des possibilités nouvelles pour qu'il ne s'enferme pas dans un schéma relationnel figé ; lui offrir un appui pour qu'il puisse imaginer d'autres possibles et ne pas se sentir contraint dans un rôle répétitif.

POURQUOI L'ENFANT JOUE-T-IL À FAIRE SEMBLANT ?

L'enfant répète les gestes qu'il a observés autour de lui pour se les approprier, pour les accomplir lui-même par la suite. Et cela commence dès le berceau, lorsque le bébé répond au sourire de sa mère. Cette forme d'apprentissage des compétences par l'imitation se poursuit et s'intensifie à partir de 3 ans alors que l'enfant entre dans la phase dite « œdipienne », où il éprouve un vif plaisir à imiter le parent du même sexe, espérant ainsi séduire le parent du sexe opposé. Il va faire comme papa ou maman pour comprendre ce qui se passe dans leur vie quotidienne, il s'essaie aux gestes des grands. Et, dans le même temps, il joue. Il joue à « on dirait que », « on ferait comme si »… Bref, s'opère un glissement de l'imitation, qui était une première étape, au « faire semblant », qui est un pur jeu de fiction. « Faire semblant » n'est donc pas imiter, mais nécessite que l'enfant ait pu prendre modèle à l'extérieur pour se livrer ensuite à des jeux plus sophistiqués dont il s'approprie les codes. Lorsqu'il fait semblant, l'enfant sait que ce n'est pas pour de vrai, même si, pris par cet élan de création, ce plaisir de s'inventer des histoires, il présente parfois une réalité teintée de romanesque.

Les parents eux-mêmes n'ont pas toujours l'obligation de rester dans la réalité. Pour eux, faire semblant peut être une bonne manière de jouer dans le bon sens du terme avec la réalité, surtout lorsque celle-ci est pénible. Avec un enfant qui doit se rendre chez le pédiatre, par exemple, et qui a peur des piqûres, on peut très bien faire semblant. « On dirait qu'on est dans le cabinet du docteur » et on se familiarise avec un scénario. Le père ou la mère sera l'enfant, l'autre parent sera le médecin, et cette répétition imaginaire permettra à l'enfant de se préparer, d'évoquer ses peurs. Dans maintes situations, le jeu du « faire semblant » – à condition qu'il soit présenté clairement comme tel – permet de se décaler de la réalité en proposant l'ouverture d'une aire transitionnelle entre réel et imaginaire. Une façon pour l'enfant de s'approprier une réalité qu'il redoute et de recourir à des représentations qui en atténuent l'impact ou de retrouver celles qu'il a particulièrement appréciées.

Quel que soit l'âge de leur enfant, les parents peuvent réutiliser ce qu'ils ont très naturellement mis en place avec l'objet transitionnel. Et cette proposition de jeu peut tout aussi bien être valable avec un adolescent. Avant un examen, notamment, lorsque le stress monte, pourquoi ne pas faire semblant d'être l'examinateur, d'être dans la salle au jour J ? Des mises en scène qui se rapprochent des jeux de rôle si précieux dans les psychothérapies d'enfants et d'adolescents.

LE JEU A-T-IL UN LIEN AVEC LA SEXUALITÉ ?

Cette question est à envisager à plusieurs niveaux. Si l'on accepte la définition freudienne de la sexualité, soit une recherche instinctive du plaisir lié ou non à la génitalité, la sexualité n'est jamais très loin de la scène du jeu. En effet, jouer vise toujours à (se) procurer une satisfaction physique et/ou psychique. Il est toujours question de plaisir dans le jeu. Cette dimension est plus ou moins évidente. Il est certes plus simple d'avoir du plaisir en faisant une bataille de boules de neige qu'en sortant vainqueur d'une partie d'échecs, mais la dimension de plaisir, c'est-à-dire la question de la sexualité au sens large du terme, est toujours présente. Il s'agit aussi bien de la sexualité infantile, qui va pouvoir se déployer sur une scène première et flagrante comme le plaisir de mettre dans sa bouche, de se salir, de malaxer, que du déplacement de la sexualité organique vers le fonctionnement psychique, celui de mobiliser sa réflexion, de jouer avec des constructions intellectuelles, qui est également une forme de plaisir.

Le jeu, chez l'enfant, est aussi une façon de soulager une tension – une excitation sexuelle au sens freudien – qui ne sait pas comment s'exprimer et qui donne lieu chez certains à des accès de turbulence, d'agitation. Une sorte de trop-plein à certains moments, qu'ils ne savent pas comment canaliser.

Le jeu, qu'il soit sportif, physique ou plus cérébral, est alors un médium permettant la transformation de cette excitation intérieure en activités, créations, réalisations offrant des voies de sublimation en évitant les risques de débordement.

Et puis, il y a les jeux d'allure plus directement sexuelle comme « jouer au docteur » ou « jouer au papa et à la maman », qui, pour le petit enfant, ont pour objectif d'éclairer l'énigme de la sexualité génitale. Certains parents ont du mal à accepter que ces jeux puissent n'être que ludiques. Leurs représentations adultes de la sexualité génitale sont plaquées sur l'enfant, auquel ils prêtent des intentions qui ne sont pas de son âge. Ce problème souligne une difficulté à faire de la place au jeu, y compris dans la perception des besoins de l'enfant. Ces jeux, que tout le monde a connus, traduisent une curiosité à l'égard de l'autre sexe – pourquoi est-on constitué différemment du point de vue anatomique, etc. ? – bien légitime chez le petit enfant.

Évidemment, il en va différemment si ces jeux réunissent un enfant de 3 ans et un autre de 15 ans. Mais les jeux entre enfants du même âge, dans les périodes premières de la vie, sont des jeux de découverte et d'exploration tout ce qu'il y a de plus normaux.

Cela ne veut pas dire pour autant que les parents ne doivent pas intervenir pour canaliser et rappeler les limites. Si un enfant leur rapporte un scénario à caractère manifestement sexuel – une telle m'a mis tout nu, j'ai touché le zizi d'un tel, etc. –, porter immédiatement l'affaire devant un juge, comme cela se voit de nos jours, est totalement inadéquat. Néanmoins, il ne s'agit pas de légitimer ces expériences. Il convient seulement de tenir une position médiane et de rappeler que la curiosité ne justifie pas tout. Un apprentissage du respect de l'autre en quelque sorte. Peut-être aussi une occasion d'engager un dialogue sur les questions que l'enfant se pose, avec l'aide de supports, de petits livres, qui permettent de répondre partiellement à sa curiosité. Sans se livrer à un cours de sexologie ou d'anatomie. L'enfant n'attend pas que tout lui soit dévoilé, il n'est pas encore en mesure de se représenter ce qu'il advient après la puberté.

Il ne faudrait pas non plus, sous couvert de légitimer la curiosité infantile, effacer toutes les barrières entre parents et enfant. Verser dans l'excès inverse et décréter qu'il n'y a aucun tabou, que les portes peuvent rester ouvertes, que chacun peut se montrer nu à l'envi. Si l'enfant se montre curieux et a besoin, par le biais du jeu, de trouver des réponses provisoires qu'il réajustera au fur et à mesure de sa croissance, il n'est pas en mesure d'accepter une réalité trop crue qui serait traumatisante pour lui. Il importe qu'il puisse continuer à imaginer ce qui se passe dans la chambre de ses parents sans y avoir accès. Des interdits naissent la curiosité et les désirs de recherche, y compris dans des directions très différentes. Et la rétention d'un certain nombre d'informations, l'accompagnement progressif de l'enfant selon son âge vers la connaissance sont propices à l'imagination et sollicitent l'envie de jouer, de chercher, de savoir.

LE JEU EST-IL POUR L'ENFANT UN MOYEN DE CANALISER SA VIOLENCE, D'EXORCISER SES PEURS, D'EXPRIMER SES ÉMOTIONS ?

L'enfant, depuis son plus jeune âge, est soumis à une production intérieure qui le menace, qu'il s'agisse, pour les plus petits, des peurs très archaïques de morcellement, de disparition, des peurs du noir, d'enlèvement, de meurtre, que des peurs éprouvées par l'adolescent vis-à-vis de son corps qui se transforme, et des idées agressives et violentes dont il craint qu'elles ne le débordent.

Toutes ces peurs habitent le monde interne de l'enfant, et le jeu est une manière de composer avec elles. En les figurant dans un dessin, dans de la pâte à modeler, ou en les mettant en scène au travers de petits personnages. L'enfant peut régler ses comptes avec des émotions qui le submergent. À un premier niveau, le jeu canalise, endigue ces angoisses. Elles sont localisées sur le terrain de jeu, hors de lui. À un second niveau, le jeu, une fois les peurs localisées et canalisées, permet de transformer les émotions en une source énergétique. Cette opération, qu'en psychanalyse on appelle la sublimation, permet de convertir quelque chose de trop difficile à vivre ou de trop envahissant en une production nouvelle. Cette démarche est celle des artistes, qui font d'un monde intérieur souvent tourmenté une création artistique partageable.

Les peurs deviennent familières, se transforment en atouts. Le processus est le même lorsqu'il s'agit de sublimation par le biais du travail, de l'investissement intellectuel ou scolaire.

COMMENT TRANSFORMER DES ÉMOTIONS DOULOUREUSES EN ÉMOTIONS SUPPORTABLES ? C'EST L'UN DES ENJEUX DU JEU.

Les histoires que l'on lit ou raconte, qui sont des représentations exprimées par d'autres de ce que l'on éprouve soi-même, sont aussi d'une aide précieuse. Celles qui mettent en scène, par exemple, des fantasmes de dévoration – que l'on songe au *Petit Chaperon rouge* ou aux multiples histoires d'ogres – font très peur, mais, racontées par l'adulte protecteur, elles permettent de faire le tour de la peur jusqu'à sa résolution finale où le méchant est sanctionné. Avec les histoires, l'enfant joue avec ses peurs et ses émotions et parvient à les dépasser. Elles sont en outre la marque d'une époque, un système de références culturelles, le bagage commun d'une société et de ses peurs.

Certains jeux vidéo offrent aussi la possibilité précieuse d'aider à extérioriser angoisse et agressivité dans des scénarios d'accueil, véritables exutoires permettant de composer avec elles sans recourir au refoulement et à l'inhibition dont le prix à payer dans la vie relationnelle et scolaire peut, à défaut, être lourd.

LE JEU PEUT-IL AIDER À RÉSOUDRE DES PROBLÈMES, À SE CONSOLER, VOIRE À GUÉRIR ?

L'enfant et l'adolescent ont de multiples manières de manifester leurs petits chagrins comme leurs gros problèmes. Qu'ils les formulent directement, en parlant, en se plaignant, ou qu'ils les communiquent indirectement par des difficultés de sommeil, d'alimentation, de scolarité, la gamme est très large. Et puis, plus indirect encore, les problèmes peuvent s'exprimer par le biais du jeu. Certains jeux sont révélateurs de traumatismes subis. Notamment les jeux un peu sadiques où l'enfant cherche à exorciser ce dont il a été victime. Des jeux qui, par leur répétition, leur insistance, témoignent d'une crainte et ont pour caractéristique principale de susciter un certain malaise chez ceux qui en sont témoins.

Mode d'expression d'une peur, d'un chagrin ou d'un traumatisme, le jeu est aussi un précieux vecteur pour aider à régler un problème, à consoler. Certaines histoires que les parents racontent lorsque leur enfant est triste sont un excellent support pour mettre en mots et en images une situation délicate, voire pour amorcer le dialogue avec l'enfant. Jouer peut aider à résoudre des problèmes passés ou des conflits présents ou, comme le disait Jean-Jacques Rousseau, « interpréter le monde ». L'enfant est face à un univers ou à des drames qui souvent dépassent ses capacités à se représenter ce qui se joue. Lorsqu'il est confronté à des situations brutales, innommables, irreprésentables, le jeu, le dessin, les histoires lui permettent de trouver les moyens de se les figurer.

Le jeu console de problèmes actuels, mais, à travers lui, ce sont parfois des traumatismes passés qui sont soignés dans le même temps. Le jeu condense, relance, sans se soucier du présent ou du passé. Il permet de regrouper différentes strates d'histoires ou d'expériences vécues, non pour les effacer, mais pour aider l'enfant à vivre avec.

Dans un cadre thérapeutique, le jeu – les simulations de scènes avec des figurines, de la pâte à modeler, voire le psychodrame et les jeux de rôle avec les adolescents – facilite l'accès à ce qui est enfoui ou trop difficile à exprimer directement. C'est aussi tout l'intérêt de l'usage de jeux vidéo comme médiation thérapeutique, afin de permettre l'expression indirecte, via le jeu, de fantasmes inabordables verbalement.

En fait, il n'y a pas de psychothérapie d'enfant sans jeu. Parce que c'est « pour de faux », le jeu permet d'évoquer des scénarios dont l'enfant aurait bien du mal à parler autrement. En outre, l'enfant craint bien souvent que l'angoisse ou la colère qu'il éprouve ne menace l'autre et, pour le protéger, il préfère se taire. À travers le jeu, tout est possible. Avec des personnages, des poupées, des animaux, il met en scène des conflits, des violences, des drames qui seraient indicibles autrement. Au thérapeute d'interpréter. L'un des jeux couramment employés pour soigner, le *squiggle* (mot anglais que l'on peut traduire littéralement par « gribouillis »), a été élaboré par Donald Winnicott. Il consiste à réaliser un dessin à quatre mains. Le thérapeute ou l'enfant commence un dessin libre. L'autre enchaîne et ainsi de suite. Au fur et à mesure, au travers de cette co-création, l'enfant oriente à son insu vers une figuration qui le surprend et qui lui permet ensuite de parler de ce qu'il voit ou imagine voir. Sur cette aire de jeu intermédiaire, ni l'un ni l'autre mais en même temps chacun, du plus profond de soi, essaie de transformer ce qui était bloqué, sidéré, arrêté par l'angoisse ou la dépression en une forme nouvelle.

Melanie Klein, dans *La Psychanalyse des enfants*, estime que le travail thérapeutique avec l'enfant consiste à l'amener à être capable de jouer. C'est en effet un premier objectif thérapeutique, en particulier pour ceux qui, dès la petite enfance, ont connu des difficultés qui les ont empêchés de jouer et pour lesquels cette fragilité est relancée par des problèmes actuels.

La première étape vise à reconsolider les bases en instaurant une relation thérapeutique grâce à la confiance, à la fiabilité des rendez-vous. L'enfant vérifie chaque fois que les jeux avec lesquels il a joué sont toujours là, que le thérapeute qu'il a attaqué par des mots, par des dessins est intact. Cette restauration de la sécurité de base rend progressivement l'enfant disponible au jeu et, en jouant, capable de transformer ce qu'il avait pu accumuler comme tension interne.

Le jeu aide à mettre des mots sur ce que l'enfant éprouve. Et lorsqu'il s'agit de petits chagrins, les parents, sans être eux-mêmes psychothérapeutes, sont tout à fait compétents pour aider leur enfant. Quelle que soit la situation où l'enfant est dans une relation duelle – l'enfant et l'autre, l'enfant et un problème en maths, l'enfant et un chagrin, l'enfant et une angoisse –, introduire une instance tierce, c'est-à-dire le jeu ou une histoire, permet de créer une ouverture par rapport au problème, à l'angoisse, au chagrin. L'instauration d'une scène intermédiaire, d'un objet transitionnel, permet de sortir de la situation bloquée.

5

QU'EST-CE QU'UN JOUET ?

QU'EST-CE QUI CONFÈRE À UN OBJET LE STATUT DE JOUET ?

Tout objet ou support, selon l'usage qui en est fait, peut être potentiellement considéré comme un jouet. Un caillou, un bout de ficelle, un bâton peuvent recevoir l'appellation de « jouet » au même titre que l'objet manufacturé que l'on trouve dans un très officiel magasin de jouets.

À l'inverse, des jouets très sophistiqués avec lesquels l'enfant ne joue pas ne sont que des objets inanimés… Il existe des objets dénommés jouets qui sont au service d'apprentissages et qui ne servent aucunement à jouer, et d'autres qui ne sont pas du tout prévus pour être des jouets et qui vont pourtant être au centre du jeu.

Depuis l'aube des temps, des objets extrêmement diversifiés, fabriqués à partir de matériaux variés et selon des technologies plus ou moins frustes suivant les époques, ont servi de jouets. La *pupa*, par exemple, ancêtre de nos poupées, est d'abord fabriquée en pierre, en bois, en os. À l'époque gréco-romaine, on la trouve en terre cuite. À partir du XVIIe siècle, elle est en cire, en porcelaine, puis plus récemment en celluloïd, avant de bénéficier des matériaux synthétiques dernier cri. Puis elle se met à parler, à marcher, tandis qu'en 1851 naît le premier poupon supposé développer l'instinct maternel des petites filles... La poupée a donc considérablement évolué, mais sa fonction pour l'enfant est demeurée, même si celle que les parents lui attribuent est autre.

En Écosse, on a exhumé des balles vieilles de 5000 ans. Leurs matériaux, de l'Inde à l'Égypte, en passant par l'Europe, ont varié : paille, bois, laine, vessies de porc remplies de son, cuir. Même évolution pour les billes : terre cuite, marbre, pierre, verre, acier. On a retrouvé des yoyos datant du Ve siècle avant notre ère ; d'antiques toupies en coquillage, puis en argile. Sans parler des diabolos, des osselets, des hochets, qui, depuis l'Antiquité, n'ont jamais cessé de revenir sur le devant de la scène du jouet. Bref, on voit bien que, si la fabrication des jouets a été amplement bouleversée, la fonction de jeu qui leur est attribuée par l'enfant reste la même.

Tous ces objets-jouets ont des points communs. Ils sont d'une grande simplicité à fabriquer quelles que soient les époques. Cassés, perdus, ils sont aisément remplacés. Les uns servent à jouer des rôles sociaux futurs – la poupée, les petits soldats, etc. – et les autres sont des jeux d'échange et de médiation, tels les balles, les billes, les osselets.

On peut dire que, a minima, un jouet est un objet susceptible de pouvoir être un support intermédiaire entre deux ou plusieurs sujets humains, pour faire lien, servir de médiation, en vue de jouer ensemble.

Y A-T-IL DE BONS ET DE MAUVAIS JOUETS ?

La qualité d'un jouet dépend beaucoup plus de l'usage qui en est fait et de la fonction qu'on lui attribue que de l'objet lui-même. Il y a aujourd'hui un malentendu. On a tendance à penser qu'un bon jouet doit avoir une haute valeur technologique, une ergonomie, des couleurs, des formes répondant à des attentes particulières en termes de stimulation et d'acquisition des compétences. Ne ferait-on plus confiance aux capacités inventives de l'enfant à transformer un objet quelconque en un objet de rêve ?

Un jouet est mauvais s'il ne laisse pas d'espace à l'imagination, si tout est prévu pour répondre par avance aux questions que l'enfant se pose. Il est mauvais lorsqu'il se ferme sur un mode d'emploi univoque, lorsqu'il rétrécit le champ de l'imagination. Il est mauvais s'il ne peut être dévoyé, subverti, transformé.

À l'inverse, le bon jouet se prête à de multiples usages, en solo ou à plusieurs, il ne requiert aucune condition particulière, ne se brise pas au premier choc.

Dans la catégorie « bons jouets », on peut aussi ranger toute une série d'objets… qui ne sont pas des jouets. Et la liste est longue ! Si les enfants ont toute latitude pour fouiller dans les placards, gageons qu'ils vont sortir des boîtes de boutons, de fils de couleurs, des bouts de papier, des cartons, des casseroles, tout un fatras avec lequel ils vont inventer un univers. Avec du papier, par exemple, ils peuvent faire un bateau, une voiture, un satellite ou jouer à la balle. Un bon jouet est donc un objet que l'enfant peut transformer à loisir. Et ce constat heurte les impératifs économiques qui prévalent dans l'industrie du jouet et imposent un renouvellement croissant du parc de jouets. Dans cette logique, un bon jouet est fragile, à durée de vie limitée et il intègre des technologies qui sont autant de promesses de mieux-être pour les enfants.

On ne peut évidemment qu'inciter les parents à être attentifs et à garder un minimum d'esprit critique face aux sirènes du marché. Même si le énième nouveau jouet qu'ils convoitent est séduisant, même s'ils ont le sentiment de bien faire, il ne faudrait pas qu'ils oublient les vertus de la simplicité. Pour cela, encore faut-il qu'ils ne soient pas eux-mêmes happés par cette course à la consommation. Si les parents ne peuvent plus trouver de plaisir dans des activités simples, succombent sans cesse à l'attrait de la nouveauté, jugent démodés des articles achetés six mois auparavant, il y a fort à parier que leur enfant exigera lui aussi des jouets chaque fois plus novateurs et se lassera rapidement de la dernière acquisition.

DOIT-ON AVOIR PEUR DES JEUX VIDÉO ?

Le jeu vidéo est-il un jeu ? Comme pour tout jouet, il importe de distinguer le support d'un côté et son usage de l'autre.

Force est de constater que l'accélération des progrès technologiques a laissé sur le bord du chemin bon nombre de nos contemporains face au développement des technologies de l'information et de la communication (les TIC).

Nous sommes à une époque très particulière de l'histoire de l'humanité. Les parents ne peuvent plus forcément transmettre toutes les connaissances nouvelles à leurs enfants. A contrario, ce sont les enfants qui bien souvent apprennent l'usage des nouveaux outils à leurs parents. Cette inversion des rôles entre générations déstabilise au plus haut point. Certains adultes ne sachant pas utiliser l'ordinateur et les TIC sont convaincus qu'ils n'ont plus voix au chapitre. D'autres nourrissent des sentiments de peur face à la nouveauté. Il est vrai que notre siècle est riche en inventions facilement intégrées par des enfants en pleine phase de découverte et de construction, alors que les adultes sont obligés de bousculer et de remettre en question leurs compétences et leurs connaissances pour s'adapter. Ce qui explique que, pour bon nombre d'adultes, les jeux vidéo inquiètent. Par défaut de connaissance, ils projettent des peurs irrationnelles sur ces jeux, comme nos ancêtres prédisaient l'apocalypse face aux premières locomotives à vapeur !

La perception de la « dangerosité » des jeux vidéo au sens large dépend donc de la façon dont ils sont intégrés dans la famille. S'ils sont un domaine de compétences réservé à l'enfant, si les parents ont décidé qu'ils n'y comprenaient rien et ne cherchent même pas à les tester, les jugeant inintéressants et nocifs, il est fort probable qu'ils seront mis alors a priori au banc des accusés. Si, en revanche, l'usage de l'informatique est banalisé au foyer et que les parents ont pris le temps de faire connaissance avec les jeux vidéo de leur enfant, tout à coup, la console vidéo ou les jeux en réseau ne sont plus perçus comme le Grand Satan. Avec le temps, ce « problème » de jeux vidéo s'estompera et ceux-ci entreront dans le cadre éducatif choisi par les parents. Les nouvelles générations de parents qui auront grandi avec l'ordinateur et les jeux vidéo pourront bientôt plus facilement transmettre à leurs enfants l'usage de la machine, ses limites, ses dangers et ses avantages.

Car, oui, ces jeux comportent des avantages. Ils sollicitent la réflexion, l'attention, la concentration et l'habileté motrice. Compétences qui, à l'évidence, seront de plus en plus nécessaires dans le futur.

On reproche souvent aux jeux vidéo d'isoler les enfants. Ils joueraient seuls devant leur console, ne participeraient plus à des activités collectives… En fait, pour la plupart des enfants, ces jeux sont un véritable outil de socialisation et d'échange qui alimente les conversations. Ils échangent entre eux des bons « tuyaux », des adresses, commentent les performances de l'autre joueur, etc.

Beaucoup de parents craignent aussi que leur enfant ne finisse par confondre réalité et monde virtuel et ne devienne violent comme sont souvent violents les personnages mis en scène dans ces jeux. Mais les enfants discernent parfaitement les différents registres, comme s'ils savaient bien ce qui est jeu et ce qui est réalité de la vie. Comme à l'époque où, petits, ils jouaient à « faire semblant ». Certes, l'impact de l'image peut être très puissant sur des enfants ou des adolescents psychologiquement vulnérables qui n'ont pas acquis la capacité de jeu dans la prime enfance, qui n'ont eu pas la possibilité de jouer avec les images, avec leurs fantasmes et prennent ce que leur renvoient les jeux vidéo au pied de la lettre. Mais la grande majorité des enfants et des adolescents fait parfaitement la différence.

En outre, s'ils revêtent des formes esthétiques nouvelles, ces jeux offrent pour la plupart un contenu assez traditionnel. Globalement, sous des aspects modernes, voire futuristes, il est toujours question de jeux de gendarmes et de voleurs, de cow-boys et d'Indiens, de bagarres, de gentils et de méchants, etc. Les actions prennent un autre aspect, mais les scénarios de base restent les mêmes.

Enfin, il est souvent reproché à ces jeux de trop capter l'attention. L'outil est alors incriminé, alors que c'est la relation à l'outil qui est en cause. Mais après tout, l'ordinateur, la télévision ou la console peuvent rester éteints. C'est la régulation de l'accès au jeu qui est à considérer, et non pas le jeu lui-même. Si les parents laissent leur enfant pendant des heures devant les jeux vidéo, rien d'étonnant à ce qu'il ait beaucoup de mal à s'en détacher. Il est donc de la responsabilité des parents de fixer un cadre pour canaliser et limiter leur usage. En fonction de ce qu'ils estiment compatible avec la vie extérieure, scolaire, familiale, les parents doivent définir le temps à consacrer aux jeux. Le bon sens doit aider à déterminer le nombre d'heures passées devant les écrans selon l'âge et les contraintes extérieures, scolaires et autres. La nuit doit toujours servir le sommeil, d'autant plus que l'on connait bien les effets dommageables pour l'endormissement de la lumière bleue émise par les écrans. Passé une certaine heure (deux ou trois heures avant l'horaire souhaité du coucher, par exemple), ils devraient être remisés, ainsi que les smartphones dont l'usage nocturne est habituel actuellement chez les adolescents.

Mais à chacun ses critères ! Du moment que les autres investissements de l'enfant sont préservés dans les domaines sportif, social et culturel, et que sa qualité d'attention et de vigilance durant la journée est maintenue. Ces critères-là sont déterminants.

Les jeux vidéo nécessitent un accompagnement parental. Il importe que les adultes se familiarisent avec eux et puissent ainsi, comme ils le faisaient pour les livres autrefois et la télévision par la suite, aider leur enfant à sélectionner les jeux en fonction de leur contenu et de son âge. Jouer ensemble permet parfois aux parents de faire connaissance avec leur enfant qui change, plus qu'au travers de longs échanges les yeux dans les yeux... Il convient aussi qu'ils aident leur enfant à verbaliser les émotions que les images peuvent provoquer en lui – peur, agressivité, etc. –, quitte à exprimer eux-mêmes ce qu'ils ressentent afin que l'enfant puisse établir des liens entre ses émotions et l'image. Enfin, ils devraient apprendre à l'enfant, dès son plus jeune âge, comment se fabriquent des images, se construisent des films, pour lui permettre d'aiguiser son sens critique et de relativiser ce qu'il voit.

Les jeux vidéo sont une manière parmi d'autres de se préparer au monde de demain. À ce titre, on ne peut pas les exclure. En revanche, pour qu'ils ne soient pas nocifs, il est nécessaire que les parents soient attentifs à leur usage. Après tout, les jeux vidéo sont des objets comme les autres, auxquels il ne faut pas prêter toutes les vertus ni tous les vices.

Tous ces usages qui perturbent bien souvent aujourd'hui les relations parents-enfants peuvent utilement faire l'objet, à froid, pendant un temps de week-end ou de vacances scolaires, de l'établissement d'un mode d'emploi devenant la base contractuelle pour un temps. Quitte à revoir à la baisse ou à la hausse les mesures décidées, en fonction du comportement de l'enfant, de ses résultats scolaires ou de sa participation à d'autres activités hors écrans.

L'âge est évidemment aussi un facteur à considérer : avant 3 ans par exemple, les jeux vidéos sont à bannir et leur usage progressif les années suivantes devrait être accompagné par les parents afin de lui en apprendre les avantages autant que les risques et les limites. Ces outils qui font désormais partie du paysage de nos vies doivent être utilisés pour ce qu'ils peuvent apporter tout en en limitant les inconvénients potentiels.

Certains professionnels de l'enfance, surfant sur les inquiétudes parentales, défraient régulièrement la chronique en diabolisant leur usage qui affecterait grandement le développement cérébral ou induirait des troubles graves de l'attention. Les premiers trains à vapeur suscitaient les mêmes avertissements quant au danger d'explosion, et on louait alors les vertus des diligences !

Veillons à ne pas confondre l'outil avec son usage. Le marteau peut être une arme dangereuse autant qu'un moyen précieux pour enfoncer un clou...

JEUX DE FILLES-JEUX DE GARÇONS : QUE PENSER DE CE CLIVAGE ?

Jusqu'à la fin des années 1960, et sans que cela soit alors vraiment remis en cause, il existait des jeux réputés de garçons et des jeux réputés de filles et puis des jeux intermédiaires, unisexes, les jeux de société, les jeux de balle, etc. Les catégories étaient bien réparties. Puis l'idée s'est fait jour que cette distribution contribuait à renforcer des stéréotypes – la femme tournée vers son foyer, les enfants, le ménage, la cuisine, et l'homme orienté vers l'action, la vitesse, la guerre.

Au nom de l'égalité des sexes, qui en avait bien besoin, il fut décrété par certain(e)s que tout le monde devait se livrer aux mêmes jeux et qu'ainsi les rôles dans la société et la famille seraient mieux répartis. Il fallait donc, dans les manuels scolaires, les histoires, les films, les jeux, gommer toute différence entre filles et garçons, pour établir l'égalité. Cette nécessaire prise de conscience de l'inégalité entre hommes et femmes a parfois mené à des excès. En effet, reconnaître des différences anatomiques et psychologiques entre hommes et femmes ne signifie pas qu'il y ait un genre meilleur qu'un autre et qu'ils ne soient pas égaux en droits.

La poursuite de la recherche d'une plus grande égalité entre hommes et femmes qui occupe à juste titre nos contemporains se retrouve dans l'invitation à des jeux indifférenciés que les enfants abandonnent dès que l'opportunité se présente ! En effet, les garçons peuvent s'occuper avec plaisir d'une poupée, et les filles jouer avec des voitures de pompier... mais c'est l'âge où s'esquissent les premiers traits d'une identité encore hésitante. Ce qui ne veut pas dire que chacun ne peut pas apprécier le partage du jeu de l'autre, quel que soit son sexe. Les tentatives adultes d'éviter l'attribution genrée de jouets dits « pour garçons » ou « pour filles » ont la plupart du temps peu d'effet à l'âge de la construction de l'identité sexuelle. Et le placage sur l'enfant des représentations et des idéologies adultes a ses limites. Sans compter les interprétations erronées des jeux apparents : tel ce garçon qui, parce qu'il jouait à la poupée, inquiétait son père, jusqu'à ce qu'il explique que pour lui ce n'était évidemment pas une poupée, mais un avion qu'il faisait voler les bras écartés... Ne sous-estimons pas les capacités imaginatives des enfants !

Aujourd'hui, si l'égalité reste évidemment un objectif à ne pas perdre de vue, la confusion entre différence et inégalité s'estompe, et l'idée qu'il puisse y avoir des jeux de filles et des jeux de garçons – sans qu'ils soient réservés une fois pour toutes à l'un ou à l'autre sexe – est mieux acceptée.

Et l'on voit bien comment les enfants ont très vite remis en scène les jeux sexués. Comment la plupart des petits garçons sont le plus souvent attirés par les petites voitures, les camions de pompier, les figurines guerrières, les ballons de foot, alors que les filles prennent un grand plaisir à jouer à la dînette, à la poupée, etc. Force est de constater que garçons et filles ne sont pas attachés exactement aux mêmes jeux, surtout entre 3 et 6 ans, période durant laquelle ils ont besoin de se différencier pour se construire, puis durant l'adolescence où ils éprouvent la nécessité de se rassurer sur leur identité sexuelle.

Toutefois, si ce débat n'a plus tellement lieu d'être, il faut reconnaître que nous avons gagné en liberté grâce aux remises en cause parfois radicales des générations précédentes. À une époque, en effet, il y avait des jeux quasi imposés selon le sexe de l'enfant et il n'était pas question d'y déroger, sous peine d'attirer sur soi un regard réprobateur ou interdicteur. Aujourd'hui, les jeux croisés ne heurtent plus. Rares, espérons-le, sont les petites filles auxquelles on reprochera de jouer aux voitures et d'être des « garçons manqués » ou aux petits garçons d'être attachés à une poupée au risque de devenir homosexuels !

Il ne faut pas non plus nier que les parents conditionnent la préférence que leur enfant marque pour tel ou tel type de jouet. Le père qui aura adoré les trains électriques souhaitera probablement faire partager son goût passé à son fils et retrouver ainsi des plaisirs passés qu'il ne pourrait s'autoriser seul. Par ailleurs, à leur insu, les parents cherchent à transmettre quelque chose de leur histoire infantile, comme de leur identité sexuelle, à leur descendant de même sexe. La façon de le vêtir, le comportement qu'ils attendent de lui et les jouets qu'ils lui achètent orchestrent aussi une dynamique. Cette influence est particulièrement sensible durant la période œdipienne, où l'enfant se construit par rapport au modèle sexué de ses parents.

PEUT-ON TRANSMETTRE SES JOUETS À SES ENFANTS ?

Aujourd'hui, à l'ère de l'obsolescence programmée, leur durée de vie est limitée ; et tout pousse à renouveler régulièrement les jouets. Le dernier modèle est toujours réputé meilleur.

Pourtant, quand au hasard d'un rangement ou d'un déménagement un adulte tombe sur un jouet de son enfance, il est bien rare qu'il n'éprouve pas quelque nostalgie et que des souvenirs enfouis ne ressurgissent pas. Il est question ici du destin des jouets et de ce qu'ils portent avec eux comme émotions et comme traces du passé.

Qu'en fait-on une fois devenu adulte ? Les garde-t-on, les jette-t-on ? Quels sont les souvenirs qui y demeurent attachés ? Lesquels présente-t-on ou transmet-on à ses enfants ? Quels sont ceux que l'on conserve précieusement dans une vitrine, dans des cartons, et qui sont autant de témoins du temps où jouer était un grand plaisir, mais que l'on ne souhaite pas vraiment partager ? Pour certains parents, quelques-uns de leurs anciens jouets sont en effet intouchables, pas question que leur propre enfant commette le sacrilège de jouer avec. Ces jouets sont tellement remplis de souvenirs et d'émotions qu'y toucher serait d'une certaine manière toucher à ces émotions. Et gare au conjoint qui s'en moquerait !

Toutes ces questions traitent de ce qu'il y a de plus intime dans la relation aux jouets. Ceux que l'on garde précieusement une fois devenu adulte sont particulièrement investis car, enfin, il est rare aujourd'hui pour un adulte de conserver ses jouets. L'espace peut manquer, l'autre du couple peut les trouver encombrants, vestiges d'un temps révolu. Pourtant, quelle que soit leur envie de prêter ou de donner ces précieux objets conservés ou retrouvés par hasard dans une vieille malle, c'est pour les parents une occasion de parler de la façon dont eux-mêmes pouvaient jouer et quels plaisirs ils y trouvaient.

C'est aussi une façon de découvrir en eux des sentiments ambivalents parfois. Plaisir d'évoquer des souvenirs très agréables et, dans le même temps, déplaisir à l'idée qu'ils ne jouent plus alors que leur enfant pourrait s'amuser, lui, avec ce jouet tant aimé autrefois. Des enjeux infantiles peuvent ressurgir, des jalousies, un désir d'appropriation comme lorsque le tout petit enfant ne voulait pas que l'on touche à son jouet, ne voulait pas le partager.

L'enfant découvre ainsi ses parents sous un autre jour à travers leurs jouets. Ils sont les révélateurs d'une histoire à laquelle il n'aurait pas accès autrement. C'est parfois l'occasion pour les parents de raconter dans quelle circonstance ils leur ont été offerts. Était-ce un parrain dont on n'avait jamais mentionné l'existence auparavant, un ami de la famille, à moins que ces jouets ne viennent de la génération précédente ? Qu'on les garde jalousement pour soi ou qu'on les transmette à ses enfants, ils sont des témoins qui donnent accès à une partie importante de l'histoire familiale, ils ouvrent sur des évocations et de précieux souvenirs.

6

C'EST PLUS DU JEU !

MENSONGE OU IMAGINATION, COMMENT LES PARENTS PEUVENT-ILS FAIRE LA DISTINCTION ?

« Il ment sans cesse », « on ne peut pas lui faire confiance », « il raconte n'importe quoi »... Nombreux sont les parents et enseignants à qualifier de mensongers les propos fantaisistes des enfants. En fait, le mensonge suppose que l'on déforme la réalité, que l'on travestisse la vérité dans l'espoir d'en tirer quelque profit pour préserver son image ou éviter des sanctions. À l'inverse, raconter des histoires, pour le petit enfant, n'a pas pour but de dissimuler la vérité, mais, à partir d'un élément de la réalité, de construire un scénario qu'il aménage au gré de son imagination. Cette propension à modifier la réalité témoigne plutôt de l'inventivité de l'enfant. Entre 3 et 6 ans, si les petits adorent s'inventer des univers à partir d'ingrédients variés, ils ne sont pas pour autant des menteurs.

Toutefois, ce que l'on peut considérer comme une qualité – l'imagination, la créativité – ne doit pas être encouragé systématiquement. Sans lui dénier ces qualités, il importe d'aider l'enfant à discerner les situations dans lesquelles il peut jouer de cette imagination, et celles qui imposent d'être au plus près des faits et de la réalité.

Par exemple, à un enfant qui raconte avoir vu le chat se prélasser dans son bain en grignotant la dernière plaquette de chocolat, on peut parfaitement répondre que cette histoire est vraiment drôle et lui demander d'en donner la suite. Souligner les qualités d'inventivité du récit, voire lui proposer de poursuivre cette histoire un peu plus tard, tout en lui indiquant qu'à l'instant présent il serait plus simple de dire : « J'ai décidé de manger une plaquette de chocolat et il m'est venu en tête une histoire à propos d'un chat qui aime manger du chocolat en prenant son bain… » Une façon pour les parents de lui faire prendre conscience que, si ses capacités imaginatives sont bienvenues dans certaines circonstances, dans d'autres – à l'école, dans la vie sociale – il est souhaitable de ne pas transformer la réalité.

Brider complètement son inventivité en ne lui donnant pas droit de cité, c'est renvoyer l'enfant à une imagination coupable, solitaire et silencieuse. En revanche, donner à ses histoires les plus loufoques le statut de réalité peut conduire l'enfant à connaître quelques déconvenues dans la vie sociale. Tout est affaire d'équilibre !

POURQUOI L'ENFANT EST-IL BON OU MAUVAIS JOUEUR ?

Il est rare d'être indéfectiblement bon ou mauvais joueur. De nombreux éléments – contextuels, psychologiques, familiaux – contribuent à faire de l'enfant un partenaire de jeu plus ou moins agréable suivant les circonstances.

Se montrer « bon joueur » lorsque l'on gagne n'est pas très difficile. Être bon ou mauvais joueur dépend donc en premier lieu de ses compétences dans tel ou tel jeu. C'est ainsi qu'un enfant en difficulté dans certains jeux moteurs ou de réflexion aura plus de raisons de se fâcher que son camarade qui réussit à tous les coups et se sent gratifié.

L'ambiance dans le groupe de joueurs constitue un deuxième facteur important. On n'est jamais « mauvais joueur » avec soi-même. En revanche, si l'on joue dans une équipe où les relations sont déjà un peu tendues, s'il y a des rivalités, des jalousies, il ne faut pas grand-chose pour qu'un enfant, mis en échec, explose. Dans un groupe plus tolérant, où la compétition et les enjeux sont moindres, le même enfant pourra se révéler « bon » joueur.

Et puis, il y a la personnalité, le caractère de l'enfant. Si celui-ci a une faible estime de lui-même, s'il est soumis à une contrainte intérieure qu'il ne peut relâcher, même dans les situations de jeu, il sera toujours tenté de se juger bon ou mauvais à l'aune de ses résultats et du jugement des autres. Cette vulnérabilité, cette sensibilité aux jugements l'incitera à se manifester dès que les choses ne se déroulent pas exactement comme il le souhaite. À l'inverse, un enfant qui a une estime de lui-même suffisante pourra se détacher des enjeux du jeu, et même en jouer. La marge de jeu dont dispose chacun est variable selon l'image et l'idée qu'il se fait de lui-même. Enfin, suivant la place qu'il occupe au sein de la fratrie, l'image et la réputation qu'il a dans sa famille, l'enfant pourra être incité à être le meilleur, le premier, alors qu'un autre ne sera pas soumis aux mêmes impératifs et les enjeux seront bien évidemment différents dans l'un et l'autre cas.

Quand l'enfant est affublé d'une réputation de mauvais joueur, il peut être difficile pour lui de s'en départir, surtout si le reste du groupe la lui rappelle chaque fois. « Avec toi, ça se termine toujours en drame ! » Et le voilà replongé sans cesse, ce malheureux enfant, dans le rôle du mauvais perdant. Pour qu'il reprenne davantage confiance, il peut être souhaitable de l'inciter à jouer un temps à des jeux dans lesquels il a moins de risques de perdre, ou avec des enfants qui n'ont pas cette idée préconçue vis-à-vis de lui, afin qu'il puisse restaurer une nouvelle image à ses propres yeux, et réaménager les relations aux autres sur un mode qui ne soit pas celui de la plainte et de la récrimination.

A contrario, un « trop bon » joueur, qui fait montre d'une tolérance excessive à la frustration, à la déception, à l'agressivité, est un enfant imperméable aux émotions, aux sentiments. Cette forme de protection le laisse un peu seul avec lui-même, ce qui n'est jamais très bon non plus.

Mais la plupart des enfants connaissent une alternance de situations dans lesquelles ils sont gratifiés et ont donc du plaisir à jouer et d'autres où ils sont mécontents que ça ne marche pas comme ils le souhaitent. Ces heurs et malheurs dans le jeu font partie de l'apprentissage de la vie.

Lorsque l'enfant vient se plaindre parce qu'il a encore perdu, il est important que les parents puissent accueillir cette tristesse tout en essayant de l'« outiller » un peu différemment pour qu'il ne reparte pas dans le jeu comme on va au combat ou à l'échafaud. Quelles alternatives pourrait-il trouver, comment pourrait-il relativiser les enjeux du jeu ? Qu'est-ce que ça change dans sa vie ? En l'amenant à jouer avec des représentations et des rôles différents, en l'aidant à retrouver la petite marge de tolérance qu'il n'a plus, les parents encouragent l'enfant à mobiliser ses propres ressources. Il pourra ensuite les exercer à travers les jeux qui sont autant de situations d'apprentissage de la relation aux autres.

TRICHER FAIT-IL PARTIE DU JEU ?

Tricher n'est pas jouer, dit-on.

Certains enfants ne réussissant pas au jeu comme ils le désireraient affichent des comportements agressifs, boudent, se plaignent contre le sort qui leur est fait, l'injustice dont ils se sentent victimes. D'autres, au contraire, « aménagent » la situation à leur guise afin de s'assurer le succès. Ils modifient les règles du jeu pour maintenir intact l'espoir de gagner, profitent d'un moment d'inattention d'un partenaire pour changer la donne. Bref, ils trichent.

Cette tentation de jouer avec les limites, de contourner les règles est fréquente chez le petit entre 3 à 6 ans, et de nouveau chez l'adolescent. Le cadre du jeu est alors déterminant pour éviter les débordements. En revanche, l'enfant de 6 à 12 ans, beaucoup plus légaliste et dont le surmoi s'impose, peut être très sensible à la « tricherie ». Si l'un de ses camarades ose tricher, il interviendra avec force, y compris en levant la main en classe pour dénoncer un comportement qu'il juge indigne.

Mais, sauf à penser que le jeu est un pur plaisir dénué de tout enjeu, rares sont les enfants qui ne tiennent pas à leur objectif, celui d'être le gagnant, et ne se risquent pas à tricher de temps à autre avec les règles.

Chaque fois qu'un espace de tricherie est possible, l'être humain, quel que soit son âge, est tenté d'en profiter. Quel conducteur n'a pas eu envie un jour, à un carrefour désert, d'ignorer le stop si aucun gendarme n'était en vue ? Qui n'a pas triché un peu avec les règles en se disant : « Ma foi, ça ne nuit à personne et à moi, ça profite un peu… » ?

Toutefois, si la tentation de tricher est inhérente à l'espèce humaine, contrevenir systématiquement aux règles, transgresser les limites à tout propos, profiter des moindres brèches est un comportement qui peut être préoccupant. Que se passe-t-il dans la vie quotidienne d'un enfant qui ne cesse d'enfreindre les règles du jeu et comment agit-il à l'égard des autres limites ? Les parents sont-ils suffisamment attentifs à lui fixer un cadre et celui-ci est-il toujours tenu ? Un travail éducatif peut être requis pour que l'enfant apprenne à agir dans des limites imposées. Cet apprentissage peut se faire à travers les jeux. Jeux avec les interdits, leur identification, leur respect, leur justification, etc.

Des jeux qui permettront de réajuster le comportement de l'enfant et de l'aider ainsi à intérioriser au fur et à mesure certains interdits, en y trouvant même des avantages.

QUELLES SONT LES LIMITES DU JEU ?

Le jeu peut être défini comme un échange entre des partenaires librement consentants qui se déploie sur une scène intermédiaire n'impliquant ni les uns ni les autres directement. Force est de constater que, si l'on s'en tient à cette définition, le terme de « jeu » est aujourd'hui largement galvaudé. Les « jeux » d'agression tels que le jeu de la canette, par exemple – un groupe durant une récréation agresse l'élève qui n'a pas su éviter une canette lancée au hasard –, n'ont vraiment de jeu que le nom. Et que dire du « jeu » du foulard, qui consiste à rechercher des sensations fortes en s'asphyxiant au risque d'en mourir, ou de ce « jeu » à l'origine anglo-saxon, le *binge drinking*, au cours duquel des adolescents absorbent de l'alcool jusqu'à atteindre l'extrême ivresse ? Pourquoi encore employer le terme de « tournante », emprunté au jeu de ping-pong, pour caractériser des viols collectifs ?

Cette complaisance vis-à-vis de la dénomination de certains actes violents est dangereuse en cela qu'elle peut jouer un rôle facilitateur chez certains enfants ou adolescents qui ont du mal à repérer la frontière entre jeu et réalité et ont tendance à faire fi des interdits. Les adultes doivent être attentifs à ce dévoiement et délivrer des messages clairs en parlant de viol en réunion, d'agression en groupe ou de tentative d'asphyxie.

Le recours à ces comportements ou conduites témoigne chez certains enfants et adolescents d'une profonde difficulté à jouer avec les autres. Privés de cette capacité à créer un espace transitionnel et à s'y déployer, ils sont en prise directe avec l'autre, comme le tout-petit avant qu'il n'acquière la capacité à être seul et à jouer avec un objet. L'augmentation des « jeux » dangereux est à la mesure de cette défaillance des capacités de jeu chez l'enfant et l'adolescent.

Les limites concernent également les conditions dans lesquelles les partenaires entrent dans le jeu. En effet, pour que chacun joue véritablement sa partie, il convient que tout le monde ait eu au départ connaissance de ce jeu et de ses éventuelles règles et limites. Sans libre adhésion à une situation de jeu, la personne embarquée à son insu est une victime et non un partenaire de jeu. Dès qu'un être humain n'est plus sujet mais objet du jeu, relégué au rang de jouet, mis au service du jeu des autres, on ne doit plus parler de jeu, mais d'abus.

Le jeu requiert donc une parfaite symétrie entre les personnes, sinon on « se joue » de l'autre. Par exemple, avec l'humour on peut vraiment parler de jeu. À travers les mots, chacun cherche à tirer du plaisir dans un partage avec l'autre. On peut « faire semblant » de se dire des choses méchantes, mais l'agressivité est sublimée. Avec l'ironie, en revanche, il s'agit d'une attaque déguisée. Les points faibles de l'autre, sa fragilité, sont utilisés, sans qu'il ait consenti à jouer. Bien sûr, l'entourage peut être hilare, mais la personne qui est au centre de cette charge, elle, ne rit pas et en souffre. L'augmentation du harcèlement à l'école ou sur les réseaux sociaux témoigne de cette violence qui s'exerce faute de consentement mutuel à jouer.

Dès qu'il y a asymétrie, abus de pouvoir, absence de liberté, il n'y a plus de jeu possible.

7

QUAND LE JEU SE COMPLIQUE

UN ENFANT PEUT-IL ÊTRE TROP JOUEUR ?

Cette question se pose lorsque l'on est en présence d'un enfant qui passe son temps à jouer, se disperse sans cesse, est incapable de se concentrer. Elle se pose aussi pour des adolescents qui tournent tout en dérision et ne peuvent jamais être sérieux, ou pour ceux qui ne décrochent pas de leur écran.

On peut se demander si, dans cet envahissement, cette manière d'être au monde, cet excès où il n'y a pas de place pour des moments de « sérieux », il est encore question de jeu. Au fond, ne serait-ce pas l'alternance entre sérieux – concentration, capacité de s'atteler à une tâche – et jeu qui donne toute leur valeur au sérieux et au jeu ?

Les enfants et les adolescents que l'on qualifie de « trop joueurs » n'auraient pas cette capacité de modulation et d'ajustement.

Bien sûr, il y a des âges où le jeu prend plus de place qu'à d'autres moments de la vie. Ce mode de relation aux autres prévaut nettement entre 1 an et 6 ans, puis à l'adolescence. Pour un petit enfant de 2 ou 3 ans, « être sérieux » ne veut pas dire grand-chose. À peine peut-on dire de lui qu'il est obéissant ou trop turbulent. En revanche, dans la période de latence, soit entre 6 et 12 ans, où habituellement le sérieux domine et la soif de conformité est grande, s'il n'y a pas cette alternance de moments de jeu et de sérieux, il y a lieu de s'inquiéter.

Dans un autre registre, c'est le cas des enfants dits hyperactifs. Même si la plupart d'entre eux ne relèvent pas de la pathologie (le TDAH, trouble de déficit de l'attention avec ou sans hyperactivité) et sont plus des enfants hyperactivés que des « malades », leurs possibilités de se mettre en pause sont très réduites, conduisant à des problèmes disciplinaires plus qu'à une prise en compte de leurs difficultés. La frontière entre « trop joueur » et hyperactif est assez ténue. Les enfants et les adolescents réfractaires à toute activité demandant concentration et sérieux connaissent en général des difficultés par rapport au cadre, aux limites, au respect des interdits, aux contraintes inhérentes au fonctionnement de groupe. Ils semblent n'écouter qu'eux-mêmes, leur désir du moment. Ils sont dans une sorte de toute-puissance. Débordés par une hyperactivité qui peut prendre l'apparence de « jeux », ils sont en fait en proie à une agitation qui, même si elle implique des jouets, des objets... n'a plus grand-chose à voir avec le jeu.

CET EXCÈS PEUT-IL ALLER JUSQU'À L'ADDICTION ?

Pour certains enfants ou adolescents, les jeux sont un besoin qui s'impose à eux et auquel ils ne peuvent plus renoncer. Ce phénomène s'observe de plus en plus fréquemment, en particulier en lien avec l'usage très répandu des jeux vidéo. Privés de l'accès à certains jeux, ces enfants sont capables d'entrer dans de violentes colères ou de céder à de véritables crises de nerfs. Dans ce cas, il sera possible de parler de dépendance, plus que d'addiction, dans la mesure où, comme le toxicomane privé de sa substance, ces enfants « addicts » ne savent pas vivre loin de leurs jeux sans ressentir un manque, source d'angoisse. Perdus, totalement démunis, ils éprouvent une véritable dépendance. Certaines dépendances sont légères, d'autres massives. Il est possible d'en mesurer l'importance en suspendant l'usage du jeu « produit » pendant quelques jours : « Tu dis que tu pourrais t'en passer ? Et bien, essaye une semaine et nous en reparlons ensuite. »

Le jeu, dans un contexte d'abus, répond le plus souvent à un manque plus fondamental, manque affectif ou manque de confiance en soi. Il offre à l'enfant dépendant et dont l'image de soi est très dévalorisée une gratification et un point d'appui plus fiables qu'une relation affective incertaine pouvant l'exposer à des déceptions. Dès lors, le jeu prend une importance vitale puisqu'il procure un minimum de sécurité dans des situations d'insécurité affective plus ou moins profondes et anciennes.

Lorsque cette insécurité est transitoire – déménagement, divorce, etc. –, la dépendance peut n'être que passagère, le jeu étant alors un refuge momentané pour soutenir un monde intérieur fragilisé. En revanche, certains enfants prépubères ou certains adolescents trouvent dans les jeux, notamment virtuels, tout ce qui leur manque dans la vie réelle. Ils sont sous l'emprise des images, qui constituent leur principal univers. Le jeu devient alors un produit de substitution qui compense une insatisfaction majeure. La dimension ludique est totalement absente. L'enfant ou l'adolescent est contraint de jouer s'il veut survivre. Mais doit-on toujours parler de jeu dans ces conditions ?

C'est bien cette perte de liberté qui caractérise la dépendance.

À L'INVERSE, EXISTE-T-IL DES ENFANTS TROP SÉRIEUX POUR JOUER ?

En effet, certains enfants sont très, voire trop sérieux, comme s'ils avaient déjà des obligations, des tâches essentielles à accomplir, et que les loisirs étaient des plaisirs coupables comparés à la gravité de la vie. On peut observer cette attitude chez des enfants qui entrent dans la période dite « de latence », c'est-à-dire à partir de l'âge de 6 ou 7 ans. Cette nouvelle dynamique psychologique marque chez tous les enfants le refoulement des excitations de la période œdipienne et la mise en place d'une instance interne veillant à contrôler la production intérieure, à la canaliser, la repositionner d'une manière acceptable vis-à-vis des exigences parentales, scolaires et sociales. Les enfants « trop » sérieux souffriraient en quelque sorte d'un « excès » de latence, phénomène assez rare à une époque où l'on assiste plutôt à son insuffisance.

Jusqu'à la fin des années 1960, en effet, le développement des enfants était marqué de façon habituellement partagée par un travail de mise en sourdine de l'effervescence intérieure qu'ils connaissent avant 6 ans environ, et ce jusqu'à l'arrivée de la puberté. Le surmoi canalisait les ardeurs ou les velléités transgressives, colériques ou joueuses. L'être humain lambda, en bonne santé, était un « névrosé ordinaire » avec cette régulation intérieure qu'il avait établie de manière solide. Depuis quelques décennies, on assiste plutôt à un raccourcissement en durée et en intensité de ces mécanismes de latence. Les enfants passent presque directement de la période œdipienne, avec l'agitation intérieure, le tumulte, la toute-puissance qu'elle implique, à l'adolescence sans qu'ait été mise en place cette phase intermédiaire. Faute d'avoir pu en bénéficier, nombreux sont les adolescents agités, transgressifs, turbulents, etc.

Dans ce contexte, les enfants « trop » sérieux sont un peu à contre-courant de leur époque et il importe d'essayer de comprendre à quoi répond cette gravité qu'ils affichent. Soit leur mécanisme d'interdiction – le surmoi – est très fort, soit ils s'alignent sur ce qu'ils estiment être les désirs impérieux de leurs parents, soit encore ils traversent une véritable dépression, n'ont plus de plaisir à jouer avec leur imaginaire, avec les autres, parce qu'ils sont occupés par une tristesse, une représentation du monde trop pesante, quand ils ne traversent pas dans leur vie de vrais drames ou de profondes difficultés. Dans tous les cas, ces enfants indisponibles pour le jeu méritent d'être aidés.

Enfin, on observe aussi des enfants qui, dans le prolongement de l'apprentissage du contrôle sphinctérien, commencent dès l'âge de 4 ou 5 ans à développer des troubles névrotiques obsessionnels (les TOC, troubles obsessionnels compulsifs). Ils sont dans une tentative de maîtrise absolue d'eux-mêmes car « lâcher » est pour eux source d'angoisse. Ils craignent de perdre leur intégrité, par analogie à la perte des matières ou des urines. Toute ouverture est une menace de débordement. Dans ces conditions, le jeu est inquiétant, s'octroyer un moment de liberté et de plaisir représente un danger. Ils sont sous contrainte, ne sourient pas volontiers, supportent mal les blagues de leurs camarades, acceptent toute proposition de jeu à contrecœur tout en restant extrêmement vigilants. Il va sans dire que ce comportement doit préoccuper l'entourage.

DOIT-ON FORCER UN ENFANT SOLITAIRE À JOUER AVEC LES AUTRES ?

Certains enfants ne goûtent pas beaucoup la compagnie des autres, s'isolent dans la cour de récréation, n'aiment pas les sports collectifs, les réunions bruyantes…

Il faut différencier ceux d'entre eux qui, dans la solitude, ont l'air de vivre plutôt bien leur situation, ont des activités variées, s'investissent, jouent même si leurs jeux sont solitaires, et ceux qui n'ont aucun de ces recours.

Les enfants qui appartiennent à la première catégorie peuvent être des enfants uniques, habitués depuis toujours à se débrouiller seuls et supportant assez mal la cohabitation avec les autres qui les dérangent dans leurs habitudes et leurs jeux. À moins que leur famille ne soit de celles qui vivent un peu en retrait des autres, repliées sur elles-mêmes, n'aimant pas trop recevoir, aller vers l'extérieur, voyager, etc. L'enfant, héritier de ce mode de vie, trouvera plus de satisfactions à jouer en solo ou en très petit comité, à la maison, avec ses parents. Le rôle de la crèche, puis de l'école va être d'ouvrir progressivement ces enfants au plaisir du partage avec d'autres. Cet apprentissage devra se faire à petites doses pour ne pas susciter trop de craintes et donc des mécanismes de protection et de défense, au risque d'obtenir l'inverse de ce que l'on souhaite, c'est-à-dire renforcer chez eux l'idée que les autres n'apportent rien, sont dérangeants, voire dangereux. Inutile donc, au prétexte qu'un enfant est solitaire, de l'inscrire brutalement dans un club de football, de l'envoyer sans crier gare en colonie de vacances ou d'inviter systématiquement à la maison une troupe d'amis bruyants.

Pour la seconde catégorie, la situation est plus complexe. Il s'agit d'enfants pour lesquels jouer avec les autres est problématique, mais jouer seul aussi. Ce sont là des enfants ayant des traits obsessionnels ou dépressifs ou du spectre autistique. Leur solitude est l'un des éléments d'un tableau plus large qui comprend aussi de la tristesse et de l'angoisse. Face à ces enfants, il convient avant tout de s'occuper des raisons qui les empêchent de jouer. D'alléger cette charge qui leur pèse. Sinon, la mise en contact avec les autres ne fera que souligner plus durement encore les difficultés qu'ils rencontrent. Et ils risquent fort d'être victimes de moqueries douloureuses, voire de harcèlement.

QU'EST-CE QUI PEUT EMPÊCHER UN ENFANT DE JOUER ?

Le plus souvent, le fait de ne pas pouvoir jouer pour un enfant ou un adolescent est le reflet de difficultés beaucoup plus profondes. Sans faire le tour de toutes les psychopathologies, on peut évoquer trois grandes catégories d'enfants ou d'adolescents pour lesquels le jeu n'a aucun sens et ne peut être source de satisfaction.

Le premier groupe correspond à ce que l'on appelle les « psychotiques ». Des enfants ou des adolescents coupés de la réalité, plongés dans un univers peuplé d'angoisses, ce qui les amène, pour survivre au monde, à se construire des représentations que l'on peut qualifier de délirantes. Ils ne peuvent avoir recours à un objet transitionnel ou à un espace intermédiaire, et sont dans une relation directe au monde, à eux-mêmes, aux figures adultes environnantes. Privés de cette possibilité de régulation des relations qui apparaît normalement vers 6 ou 7 mois, ces enfants sont sur la voie de la guérison le jour où, grâce aux traitements administrés en institutions de soins, il leur est enfin possible de partager un jeu avec d'autres. Les médiations qui progressivement leur permettent de franchir toutes les étapes empêchées dans la petite enfance sont privilégiées dans le cadre de ces traitements. L'objectif est d'essayer de réinstaurer des situations thérapeutiques qui s'apparentent aux premières interactions entre la mère et l'enfant : présence, absence, répétition des séances, possibilité pour eux de vérifier la fiabilité des liens avec le thérapeute, la bienveillance de ce dernier, etc. Ces temps de soins doivent être suffisamment réguliers et stables pour porter leurs fruits.

Ensuite, il y a les enfants hyperactifs, qui présentent des troubles des conduites. Leur fonctionnement se caractérise par une toute-puissance, une incapacité à accepter les limites – qu'elles viennent de leurs parents ou d'autres adultes –, à se concentrer, et ils sont en difficulté dès l'école maternelle. Ils ne sont bien évidemment pas animés de mauvaises intentions, même si leur attitude peut parfois le faire croire. Au fond, leur insécurité intérieure est telle qu'elle les conduit à s'agiter sans cesse pour qu'enfin l'angoisse s'apaise. Ils n'ont aucune disponibilité psychique pour jouer. S'ils s'y essaient un temps, très vite l'angoisse remonte et l'agitation corporelle est leur seule réponse pour tâcher de décharger la tension intérieure. Ce sont certains de ces enfants qui, au moment de l'adolescence, s'ils n'ont pas été aidés, commettent des actes transgressifs, se font renvoyer de collège en collège, sont insolents, indisciplinés, semblent se moquer de tout, vivre dans le présent exclusivement. Ils peuvent être pris pour des êtres sans foi ni loi, alors que, pour beaucoup d'entre eux, ces comportements sont alimentés par des inquiétudes intérieures très vives.

Et puis, enfin, il y a les enfants carencés qui ont connu un manque précoce de sécurité et d'investissement affectif stable. Notamment les enfants abandonnés et placés très tôt dans des familles d'accueil, des foyers et qui n'ont jamais pu installer une sécurité de base suffisante, qui n'ont pu prendre appui sur des objets transitionnels pour être tranquillisés. Beaucoup de ces enfants comptent davantage sur eux-mêmes que sur l'extérieur. Non pas sur leur monde intérieur, mais sur eux en tant qu'être moteur, sur leur corps, sur leurs gestes. Ils se balancent, se cognent la tête contre le berceau, éprouvent leur sensorialité, y compris en se blessant, pour se procurer des sensations dans une recherche d'auto-apaisement. Ils tentent d'atténuer les inquiétudes majeures qu'ils connaissent en ayant recours à des procédés dits « autocalmants ». En apparence, ces enfants peuvent éventuellement jouer, mais les jeux auxquels ils se livrent sont souvent des jeux stéréotypés. Des jeux qu'ils connaissent, qui n'offrent aucune surprise, qu'ils peuvent répéter à l'envi. Les jeux collectifs sont en revanche exclus. Plus tard, à l'adolescence, ils se livrent à des « jeux » masochistes, une façon pour eux de vérifier que dans la douleur ils existent. Ils se scarifient, ingurgitent des doses massives d'alcool et sombrent dans des comas éthyliques, adoptent des conduites à risques pour mettre à l'épreuve leur corps, vérifier les limites de leur existence et tenter d'en cerner le périmètre, le volume. Ou passent à l'acte comme moyen de décharger les tensions internes qu'ils éprouvent.

Il n'y a évidemment chez ces enfants aucune marge de jeu possible, aucune liberté. Ces façons d'être s'imposent à eux pour survivre psychiquement.

UN ENFANT QUI N'A PAS PU OU SU JOUER RENCONTRE-T-IL DES DIFFICULTÉS PLUS TARD ?

La capacité à jouer, qui s'acquiert durant la première année d'existence, est déterminante pour pouvoir franchir aisément les diverses étapes de l'existence. Pour qu'un aménagement soit possible entre nos propres besoins et ce que la réalité de la vie nous impose, il faut qu'il y ait une possibilité de jeu suffisante.

Les enfants qui n'ont pas acquis la possibilité de jouer risquent de rencontrer, à l'adolescence, des difficultés. Durant la période dite « de latence », ils sont valorisés car ils répondent idéalement aux attentes scolaires, leur sérieux est un atout. Élèves travailleurs, ils sont dans la bonne moyenne, ne font pas parler d'eux. Mais arrivés à la puberté, période de changements intenses qui bouleversent leur économie intérieure, ils ont soudain du mal à faire face aux secousses. Ils prennent de plein fouet ces modifications car ils sont dans l'incapacité de jouer avec la nouvelle image de leur corps, le point de vue des autres, les pensées inédites – sexuelles ou agressives – qui les traversent. Aux prises avec tous ces bouleversements, sans recul, sans distance critique ou amusée, ils sont obligés de mobiliser des ressources défensives pour se protéger – ressources qui sont au service de l'autoprotection et non de l'ouverture. Leur investissement intellectuel, leur curiosité, leur goût pour les échanges avec les autres sont très faibles. Ils se blindent, se protègent des menaces potentielles, faute de pouvoir avoir recours au jeu. Ces adolescents inhibés se renferment, s'isolent, tandis que pour certains la relation aux autres, trop problématique, devient conflictuelle, voire agressive. Le coup de poing part facilement, les injures fusent.

Des traits obsessionnels, dépressifs, présents depuis l'enfance, peuvent être amplifiés, laissant de moins en moins de liberté pour apprendre, grandir et s'ouvrir au monde.

Le manque de jeu rend difficile également la relation à l'autre sexe. Plaisanter, entreprendre des manœuvres de séduction réveille des inquiétudes trop fortes. Ils se réfugient dans la provocation, le passage à l'acte agressif, ou dans des conduites sexuelles solitaires.

Le désinvestissement scolaire, l'agressivité, l'inhibition, les difficultés relationnelles sont autant d'entraves à la maturation qui, si elles ne constituent pas une pathologie, sont un piège qui peut conduire les adolescents, quelques années plus tard, non plus simplement à adopter un fonctionnement autodéfensif, mais à s'enfermer dans une situation devenue pathologique et dont il sera difficile de sortir. Il convient donc de les aider à s'alléger, à s'ouvrir et de leur proposer des médiations – sportives, culturelles – pour ne pas les laisser en prise directe avec eux-mêmes, les autres ou leurs parents.

Arrivés à l'âge adulte, ceux qui n'auront pu être accompagnés vont vivre les relations aux autres ou au travail comme des entraves, des agressions ou des menaces, et non comme des sources d'épanouissement et de satisfaction. En apparence, ils pourront avoir une vie sociale et privée normale, mais se sentiront sans cesse en équilibre précaire, faute de pouvoir jouer avec les situations imprévues que la vie réserve. On observe ce phénomène jusque dans la dernière partie de la vie. Certaines personnes, pourtant très âgées, demeurent curieuses, ouvertes sur le monde, tandis que d'autres se réfugient progressivement dans le passé, s'y enferment et n'ont plus cette qualité fondamentale de jeu avec la vie.

8

ET SI ON REJOUAIT ?

Y A-T-IL ENCORE DE LA PLACE POUR LE JEU EN FAMILLE ?

Dire que les conditions de vie dans les familles ont beaucoup changé ces dernières décennies est une banalité. Cellules familiales éclatées, parents stressés aux emplois du temps surchargés ou au chômage, enfants encombrés d'activités extrascolaires, sans parler des postes de télévision, des smartphones et des ordinateurs qui font de plus en plus écran aux relations familiales... Dans ce contexte, les temps partagés en famille pour jouer se font malheureusement de plus en plus rares.

Sans préconiser l'instauration d'activités à heures et dates fixes – un temps de jeu imposé du type « Monopoly pour tout le monde le mardi soir » n'aurait aucun sens –, il serait peut-être bien que les parents s'interrogent sur le temps qu'ils consacrent effectivement aux activités ludiques en famille et se demandent, le cas échéant, comment faire pour se montrer davantage disponibles. Jouer doit s'entendre au sens large, c'est-à-dire un plaisir partagé sans objectif précis, sans souci d'efficacité, sans qu'il soit nécessaire d'apprendre des choses ou même qu'il soit question de se détendre ou de se défouler. Le jeu doit juste être une occasion d'échanges et de partage dans le groupe familial.

Par ailleurs, combien de fois arrive-t-il que les parents aient un moment seul à seul avec leur enfant pour faire connaissance, au-delà d'exigences précises ? Rares sont ceux qui prennent une demi-journée, une journée, un week-end, avec l'un de leurs enfants sans autre but que de découvrir ce qui l'intéresse, ce qu'il pense, aime, etc. Au fond, dans la vie de tous les jours, on ne le sait pas. Dans un monde sous pression, dégager du temps libre en ayant le sentiment que ce n'est pas du temps perdu devient très difficile.

En fonction de l'âge et des goûts de l'enfant, on peut lui proposer de faire une balade en forêt, de visiter un château ou un musée, de partir le temps d'un week-end dans une ville à découvrir, de se rendre dans un bon restaurant, d'aller au théâtre, de voir un match de football… Les possibilités ne manquent pas.

Il s'agit d'instaurer un autre état d'esprit au sein des familles. Aujourd'hui, passer du temps à ne rien faire d'autre que jouer ou sans autre objectif que de faire connaissance est devenu quasi héroïque !

LES PARENTS ET LES GRANDS-PARENTS PEUVENT-ILS TRANSMETTRE L'ENVIE DE JOUER ?

La transmission dépend de ce que les parents et les grands-parents ont connu eux-mêmes comme expérience de jeu dans leur enfance et des impressions qu'ils en ont conservées. Ont-ils suffisamment bénéficié d'occasions de jeu, en ont-ils gardé des souvenirs plaisants ? Ou sont-ils d'« anciens enfants » pour qui jouer représentait un domaine un peu mystérieux, dont les vertus et les plaisirs leur demeuraient étrangers ? Certains parents n'ayant pas eu beaucoup d'offres de jeu dans leur enfance ont à cœur de compenser ce qui leur a fait défaut et d'offrir à leur enfant des situations de jeu. D'autres, en revanche, en seront incapables. On observe aussi des parents frappés d'une sorte d'amnésie. Leur passé infantile et ludique est comme enfoui, enterré, au profit d'un présent tout ce qu'il y a de plus sérieux. Et pas question de transmettre à leur enfant le plaisir de jouer, de peur qu'il ne le détourne du droit chemin, celui qui le conduira tout droit vers de brillantes études, une bonne carrière, une vie réussie ! Dans ce cas de figure, où parfois a été oublié le plaisir que l'on pouvait éprouver étant enfant, on ne transmet de son histoire que la partie officielle. Oui, on est sérieux et travailleur et il en a toujours été ainsi ! Ce refoulement de ce qui risquerait de troubler l'image que l'on veut donner de soi et le projet d'avenir que l'on a pour son enfant ne laissent pas beaucoup de place à la transmission du jeu.

Et puis, il y a les parents jaloux de leur enfant. Jaloux de le voir jouer, jaloux de le voir y prendre un vif plaisir, alors que les occasions pour eux de s'amuser se font rares. Comme s'ils se disaient : « J'en bave, il n'y a pas de raison que les enfants s'amusent ! » Ces rivalités, ces jalousies bien réelles sont encore plus marquées quand l'enfant, une fois devenu adolescent, prétend faire des choix personnels. Les parents sont alors amenés à faire un bilan de leur propre vie. Certains supportent très mal l'écart qu'il y a entre leurs rêves passés et la réalité présente et interviennent de manière ferme pour empêcher que n'émerge chez leur propre enfant ce qu'ils ne connaissent plus ou n'ont pas connu.

Les expériences infantiles de jeu des parents, les regrets qu'ils nourrissent, les rivalités qui surgissent les incitent donc à transmettre plus ou moins l'envie de jouer.

En dehors de ces obstacles, la question de la transmission s'envisage à deux niveaux. Il y a d'abord les parents qui transmettent le plaisir de jouer à un jeu bien précis, ce jeu dont ils ont eux-mêmes tiré beaucoup de satisfaction dans le passé, par exemple. On voit ainsi certaines familles où tout le monde joue au tennis, aux échecs, à tel ou tel jeu de cartes, etc. C'est une « marque de fabrique » de la famille en quelque sorte. Et puis, à un autre niveau, plus secondaire celui-là, il y a l'envie de jouer qui va naître chez l'enfant grâce à la manière qu'auront ses parents de trouver du plaisir dans des situations qui ne sont pas forcément des situations de jeu officiel. Dans leurs relations aux autres, dans la façon qu'ils auront d'accueillir l'imprévu. Bref, une disposition d'esprit qui va influencer l'enfant dans son mode de relation au monde et aux autres, faite de souplesse, de curiosité, d'ouverture. Il s'agit donc là d'une transmission moins immédiate, moins centrée sur un jeu en particulier, mais tout aussi prégnante. Par le biais de ce que les parents s'octroient comme occasion de plaisir et de jeu, ils transmettent indirectement quelque chose à leur enfant. L'exemple parental étant contagieux, il ne faut pas se priver des occasions de l'exposer sans commentaires ni incitations à l'imitation...

Et puis, évidemment, plus l'enfant grandit, plus il va avoir affaire à d'autres adultes, qui auront des manières d'être différentes dans la vie. Et donc, même si à la maison on ne joue pas – dans tous les sens du terme –, il pourra chez les amis, à l'école ou ailleurs découvrir qu'il y a d'autres façons de vivre et que ça n'est pas désagréable...

Moins les parents savent jouer et apprécient le jeu, plus ils devraient offrir à leur enfant des occasions de rencontrer des adultes différents. Au fond, les parents pour qui jouer est une contrainte devraient au minimum avoir la lucidité de reconnaître leurs limites et permettre à leur enfant de s'ouvrir à d'autres modèles.

Les grands-parents notamment, du fait de leur moindre proximité affective et quotidienne, peuvent parfois davantage jouer dans la relation avec l'enfant. C'est aussi le privilège des amis, des collatéraux, qui eux non plus ne sont pas en première ligne et peuvent donc offrir plus d'espaces de jeu.

Enfin, on transmet autant par ce que l'on veut transmettre officiellement, consciemment, verbalement, que par ce qu'on ne veut surtout pas montrer. Et les parents qui « jouent » à être des adultes sérieux alors que ce rôle, au fond, les ennuie sont très vite démasqués par leur enfant, lequel n'est pas dupe et dévoilera les potentialités ludiques de ses parents en étant éventuellement un peu indiscipliné, turbulent. Une façon de leur révéler leur vraie nature par effet de miroir !

VALORISER LE JEU, D'ACCORD, MAIS NE FAUT-IL PAS TOUTEFOIS INSTAURER DES LIMITES ?

Effectivement, le jeu pose la question des limites puisqu'il n'a de valeur que par contraste avec des périodes de non-jeu. Mais tout dépend de l'âge de l'enfant.

Dans les trois premières années de la vie, tout est jeu, et tout est sérieux. Tout ce que l'enfant apprend, tout ce qu'il découvre se fait en jouant. En jouant avec son corps, ses gestes, les objets, etc. Parler des limites du jeu pour un petit enfant de 12 à 18 mois n'est donc pas pertinent. Les consignes restrictives à ses jeux ne prendront sens pour l'enfant que progressivement, entre 18 mois et 3 ans.

Ensuite, entre 3 et 6 ans, période de débordement et d'agitation où l'enfant apprend une multitude de choses nouvelles, il convient de poser des limites et de canaliser les énergies pour ne pas assister à une dispersion improductive pour lui et dérangeante pour l'entourage. Il importe en fait de mettre en place autant des limitations qu'une liberté d'expérimentation et de jeu.

Durant la période de 6 à 12 ans, il est plus aisé de faire respecter les limites, d'imposer des temps de récréation et de travail. Enfin, à l'adolescence, l'excitation pubertaire rend à nouveau nécessaires les limitations extérieures, l'adolescent ne pouvant s'autoréguler, trop débordé qu'il est, à l'instar du petit enfant de 2 à 6 ans, par ses pulsions intérieures.

En fait, l'apprentissage des limites au jeu devrait se construire de manière progressive, depuis les premiers temps de la vie jusqu'à l'adolescence, dans une alternance de « on joue/on joue plus ». En revanche, chaque fois qu'il y a un interdit ou une limitation officielle à laquelle l'adulte tient, il est nécessaire d'ouvrir un espace où le jeu est possible. L'enfant a le devoir de respecter certaines règles, mais il a par ailleurs le droit de jouer à tel endroit ou à tel moment. En outre, il importe d'expliquer chaque fois les raisons de la limite fixée dans son intérêt.

COMMENT METTRE DU JEU DANS LES APPRENTISSAGES DE LA VIE ?

« L'enfance a des manières de voir, de penser, de sentir qui lui sont propres », notait Jean-Jacques Rousseau dans l'*Émile* (1762). Quelle prescience ! Il avait perçu, bien avant que la notion même d'« enfance » ait cours, que l'enfant a une perception du monde différente de celle des adultes et que les situations d'apprentissage devaient prendre en compte ces particularités.

Pourtant, il a fallu attendre encore longtemps pour que cela soit effectivement mis en œuvre. Les premiers jeux éducatifs Nathan datent de 1904…

En France, ce sont les expériences en écoles maternelles qui ont véritablement changé les choses. L'intégration, dans les petites classes, de la dimension du jeu dans les objectifs d'apprentissage est une réussite incontestable. Mais pourquoi ce qui est valable pour les petits enfants ne le serait-il pas pour les plus grands, voire les adultes ? Pourquoi n'intégrerait-on pas, dans les années qui suivent la scolarité en maternelle, des techniques d'apprentissage qui empruntent au jeu, telle l'opération « La main à la pâte », qui a été lancée en 1996 à l'initiative du Prix Nobel de physique Georges Charpak dans le but de promouvoir au sein de l'école primaire une démarche d'investigation scientifique en mettant l'accent sur la curiosité et l'immense avantage des apprentissages dans des situations de vie ?

Bien sûr, outre les maternelles, il y a les ludothèques et les médiathèques, dans lesquelles sont conçus des espaces de jeu où l'enfant peut découvrir le plaisir de la lecture par le biais du jeu. Mais encore faut-il que ces médiathèques et ces ludothèques ne soient pas de simples faire-valoir, des équipements mis en place par les communes sans qu'ils soient véritablement investis. Ou que ces équipements dédiés au plaisir de découvrir en jouant ne justifient pas qu'en dehors de leur enceinte le jeu n'ait pas sa place dans les apprentissages, un peu comme les parents qui offrent pléthore de jouets à leur enfant en pensant ainsi être dédouanés et ne plus avoir à consacrer de temps pour jouer en famille.

À la maison, c'est identique. Il serait aussi néfaste d'implanter une ludothèque isolée, hors de toute conception d'ensemble de la place du jeu, que de considérer que l'enfant va pouvoir jouer à heure fixe et que, en dehors de ces temps de récréation, le sérieux doit s'imposer. L'enfant peut tout à la fois prendre du plaisir et acquérir de nouvelles connaissances par le biais d'actes quotidiens. Par exemple, en confectionnant un plat cuisiné avec sa mère ou son père, il pourra apprendre des mathématiques, de la chimie, de la physique, du vocabulaire, de l'histoire, de la géographie. Et tout ça avec facilité par le partage familial et la satisfaction de la curiosité. Beaucoup de choses peuvent se faire de manière ludique, y compris ce qui passe éventuellement pour une contrainte. Veiller à l'hygiène corporelle peut être source d'amusement. Se laver ne répond pas seulement au souci d'éliminer des microbes, c'est aussi un grand plaisir de sentir sa peau propre, douce, de faire des bulles de savon, etc. Et ce ne sont là que de menus exemples. Aux parents d'inventer de petites mises en scène pour transformer toutes sortes de contraintes en amusement !

Pour l'apprentissage du langage verbal, même constat. Des parents inquiets de voir que leur enfant n'apprend pas assez vite à parler pourront l'obliger très tôt à formuler les mots de manière correcte. Ce souci d'un apprentissage précoce du langage se fera sans que l'usage des mots représente pour l'enfant un bénéfice en termes de communication ou de plaisir à exprimer des sensations ou des idées. Ces parents l'aideront à corriger les mots qu'il emploie afin qu'il acquière plus de précision dans son mode d'expression. Et ce sera très bien, naturellement. Mais ils pourront aussi bien le faire de manière ludique, en commençant par jouer avec lui sur les sonorités, les mots, etc. Et à travers ces situations ludiques partagées, le petit enfant découvrira ce que ces mots peuvent produire comme effet sur l'autre, il éprouvera leur signification profonde, les avantages qu'il peut en tirer. Ainsi aura-t-il d'autant plus de plaisir à les apprendre, à les reproduire, et à enrichir son vocabulaire. Ces deux modes d'apprentissage – l'un très sérieux visant l'efficacité immédiate, et l'autre plus « détourné » et plus ludique – dépendent étroitement, comme dans le cas de la transmission du goût de jouer, de la disposition d'esprit des parents.

Il est entendu que l'on apprend d'autant mieux qu'on y trouve du plaisir et que cela emprunte directement aux expériences de jeu, alors pourquoi la dissociation entre apprentissages « sérieux » et jeux a-t-elle encore tellement de partisans aujourd'hui ?

CONCLUSION

ALORS, JOUONS MAINTENANT !

Nous avons tous en nous une part d'infantile qui demeure active une fois atteint l'« âge de raison ». Mais beaucoup rejettent ce qui pourrait rappeler en eux l'enfance ou l'adolescence, jugeant cela indigne d'un adulte bien construit. C'est pourtant ces germes de l'enfance qu'il faudrait toujours cultiver pour avoir, selon l'expression de Donald Winnicott, cette « capacité de garder tout au long de la vie quelque chose qui est propre à l'expérience du bébé : la capacité de créer le monde ». Malheureusement, on a trop tendance à considérer qu'il y a un âge où il faut « arrêter de rêver ».

Rappelons-le, il n'y a pas d'âge limite pour jouer. Et cesser de prendre du plaisir dans le jeu fait courir le risque de se couper des nouvelles générations, de ne pas supporter leur créativité, le désordre qu'elle occasionne et les inévitables remises en cause qui surgissent. Cette capacité de jeu, cette curiosité, ce goût de la vie qu'ont les enfants et les adolescents, pourquoi les adultes ne pourraient-ils plus l'avoir ?

La construction de l'identité de chacun est liée à cette capacité. Sans elle, il n'y a pas de liberté d'être. Sans cette marge de jeu par rapport aux contraintes dont on s'est progressivement affranchi depuis le temps où, bébé, on était entièrement dépendant de son entourage, il n'y a pas d'existence singulière. Pour se construire un « je », il faut du jeu avec l'extérieur, avec les autres. Mais encore faut-il qu'il y ait eu, par le biais du jeu, cette mise à l'épreuve de soi dans les relations aux autres.

Jouer est un des éléments constitutifs du sujet humain et facilite les relations au monde. Notre époque s'éloigne de cette valeur pour s'arrêter aux jeux formels. Comme si offrir des jouets suffisait à se rassurer, à se donner bonne conscience. Les enfants ont des jouets, qu'ils jouent ! On confond trop vite ce qui se joue sur les plans subjectif et objectif. Dans cette confusion, les jouets prennent de plus en plus d'importance à mesure que le fait de jouer s'amenuise. C'est parce qu'elle est investie affectivement et émotionnellement par l'adulte que la proposition de jeu a un impact sur l'enfant et lui donne l'envie de jouer à son tour, de s'approprier et d'acquérir ce plaisir que manifeste l'adulte.

Jouer est un droit fondamental de l'enfant. Surtout si l'on souhaite que les générations futures s'adaptent à un monde qui change plus vite que jamais et dans lequel les transmissions traditionnelles sont devenues quelque peu caduques. La participation de nos enfants à cet univers en mutation dépendra étroitement de leur capacité à jouer avec des représentations, des langues, des cultures différentes, des manières autres de concevoir la vie, tout en y prenant du plaisir. En jouant ainsi, ils pourront s'adapter aisément, sans vivre les transformations à venir comme une remise en question personnelle majeure. En n'étant pas des sujets passifs, ils contribueront pleinement à la création du monde de demain.

BIOGRAPHIE

Patrice Huerre est pédopsychiatre, psychothérapeute et psychanalyste. Il est spécialisé depuis plus de trente ans dans les actions de prévention et de soins pour les adolescents et les jeunes adultes. Il a écrit de nombreux ouvrages destinés au grand public.

- *Drogues, toxicomanes et toxicomanies*, avec A. Biron et J.-M. Reymond, Hermann, 1979.
- *Perocco le perroquet avec O. Debré*, l'École des Loisirs, 1990 ; nouvelle éd., André Dimanche, Marseille, 2009.
- *L'Adolescence en héritage : d'une génération à l'autre*, Calmann-Lévy, 1996.
- *Voyage au pays des adolescents : 310 mots clés pour mieux se repérer*, avec E. Huart, Calmann-Lévy, 1999.
- *L'adolescence n'existe pas : histoire des tribulations d'un artifice*, avec M. Pagan-Reymond et J.-M. Reymond, préface du Pr Jean Bernard ; nouvelle éd. actualisée, Odile Jacob, 2002.
- *Ni anges, ni sauvages : les jeunes et la violence,* Anne Carrière ; nouvelle éd. en Livre de poche, 2004, prix de l'Institut des hautes études de sécurité intérieure.
- *Arrête de me parler sur ce ton !*, avec Laurence Delpierre, Albin Michel, 2004.
- *Faut-il plaindre les bons élèves ? Le prix de l'excellence*, avec Fabienne Azire, Hachette Littératures, 2005.
- *Je m'en fiche, j'irai quand même ! Quelle autorité avec l'adolescent ?*, avec Anne Lamy, Albin Michel, 2006.

- *La prépa sans stress, avec Thomas Huerre*, Hachette Littératures, 2009 ; nouvelle éd., Fayard, 2010.
- *Pères solos, pères singuliers*, avec Christilla Pellé-Douël, Albin Michel, 2010.
- *La France adolescente*, avec Mathieu Laine, J.-C. Lattès, 2013.
- *Adolescentes : les nouvelles rebelles*, avec Stéphanie Rubi, Bayard, 2013.
- *La France adolescente*, avec Mathieu Laine, J.-C. Lattès, 2014.
- *Adolescentes, les nouvelles rebelles*, avec Stéphanie Rubi, Bayard, 2014.
- *Lieux de vie, ce qu'ils disent de nous. La révolution des intérieurs, avec François Robine,* Odile Jacob, 2017
- *L'autorité en question, nouveau monde, nouveaux chefs*, avec Philippe Petitfrère, Odile Jacob, 2021.

Patrice Huerre a aussi dirigé la publication des ouvrages collectifs suivants :

- *Parents et adolescents : des interactions au fil du temps*, avec Laurent Renard, Érès, 2001.
- *Les Professionnels face à la sexualité des adolescents*, avec Didier Lauru, Érès, 2001.
- *Cannabis et adolescence : des liaisons dangereuses,* avec François Marty, Albin Michel, 2004.
- *L'Absentéisme scolaire : du normal au pathologique*, Hachette Littératures, 2006 ; nouvelle éd., Fayard, 2010.
- *Questions d'autorité, avec Danièle Guilbert*, Érès, 2006.